文芸社セレクション

あなたも一言居士

佐合 今勝

SAGO Imakatsu

文芸社

目次

教育篇

はじめに

人は誰でも日々の生活や政治、社会的出来事に対して、様々な感想や意見を持っておられると思います。その人たちとのコミュニケーションで感じることは、とかく上から目線の評論家の見解と違って実体験からの意見としてわれわれの共感を呼ぶものです。まさしくあなたも「一言居士」といえましょう。

しかしそうした意見や感想を表現する機会はそんなに多くはありません。SNSや新聞の読者欄への投稿などがありますが、私の場合は新聞への投稿でした。ここに載っている文章は朝日新聞や中日新聞に投稿し掲載されたものがほとんどですが、未掲載分も入っています。

佐合今勝　拝

政治篇

平和の礎　憲法守りたい

戦後七十年の平和と繁栄を築いた原動力が、持ち前の勤勉さと、「お国のため」とだまして個人の生命や財産を収奪する戦争がなかったことだという主張を否定する者はいないだろう。その礎となったのが、主権在民をうたった憲法の存在だと、私は思っている。

しかし、その礎は押し付けられたものだから、取り換えて強い日本を取り戻そうと言う人たちがいる。取り戻そうとしているのが戦前の日本なのかは定かでないが、軍事大国であろうことは、集団的自衛権の行使容認に続く自衛隊法の改正の動きを見れば明らかだ。

集団的自衛権の行使は相手国にとっては侵略を受けたことになり、わが国への反撃は正当化され、日本が戦争当事国となる恐れがある。戦争となれば、国民の命も、財産も、権利も抑圧されることは歴史が証明している。

その反省から生まれた憲法をわれわれ国民は、押し付けられ論や国益といった権力者の詭弁《きべん》に惑わされて、失ってはならない。

改憲案は国民主権への挑戦

権力を意のままに振るいたい為政者にとっては、憲法前文『主権は国民に存する。その権威は国民に由来する』とした点、99条の『……公務員はこの憲法を尊重し擁護する義務を負う』とした条文はガマンならないことであり憲法制定の経緯に関わらず『押し付けられた』と反発したくなるのも分からなくはない。つまり権力は国民の信託によるものではなく為政者の固有の主権であると言いたいのであろう。この改憲論者の意図を吐露したものが、改憲案98条の『緊急事態条項』であろう。98条を憲法に盛り込んだ説明の中で、緊急政令はこれまでも災害対策基本法や国民保護法に基づいて発令されてきたが、この政令では国民への要請は全て『協力』を求めることしか出来なかった。本条では『国等の指示に従う義務を国民に課す』ことを明記し、しかも其れを権威つけするために憲法に盛り込むのだというのである。

改訂案の他の条項でも基本的人権抑制に関する同じような目論みがなされている。自由権の唯一の制限理由とされる『公共の福祉』についても『公益、秩序維持』に拡大されようとしており、天賦の基本的人権がより行政的な立場から制限されようとしているのである。９条改憲を含むこれらの改憲案は、国民主権主義、平和主義、基本的人権の尊重を為政者に求めた憲法制定権者の意志に首相自らが真っ向から挑むもので、主権者として到底受け入れられるものではない。改憲論者は対案を示せと言うが現憲法を守るというのが最大の対案であって、口車に乗って改憲の土俵に上がってはならない。

天皇元首論　政治劣化を反映

自民党やみんなの党などが改憲案に「天皇元首」を掲げている。広辞苑によれば、元首とは「一国を代表する資格をもった首長。君主国では君主、共和国では大統領あるいは最高機関の長など」と記されている。

戦後日本は民主憲法が制定された。天皇は国の象徴で、首相がもっぱら国政を担当し外国に対しても国家を代表する存在だ。

ところが昨今、首相はコロコロ代わり、国政も混迷の度を増している。外国から見れば、だれが国家を代表しているのかわからないような状況が続いている。ただ、それは民主党だけの責任でなく、長く政権の座にあった自民党もその責任から逃れられない。

改憲に積極的な人たちは「天皇元首」を提言することで自らが招いた政治の劣化をごまかそうとしているのではないか。政治家が今なすべきことは、改憲ではなく原発事故対応や財政再建などではないだろうか。

「勝てば官軍」自民党が心配

自民党の脇雅史参院幹事長は、党女性議員のパーティーで「政党が正しく国会議員の候補を選べば選ぶ人があほでも選ばれる人は立派だ」と述べたという。有権者があほのおかげで自民党は圧勝できたと本音が出たのであろうが、あほ扱いされた投票した人の心中はいかがかと聞いてみたい気がする。

ヒトラーは著書「わが闘争」の中で「一般大衆は聡明《そうめい》でない。彼らの理解力はいたって乏しい。彼らは小さな嘘《うそ》よりも大きな嘘の方を信じやすい」と言ってのけた。

脇氏の発言もそうだが、安倍晋三首相や自民党にもそれに通じるものがある。先の衆院選では環太平洋連携協定（ＴＰＰ）交渉参加や原発問題で政党公約と地域公約に明らかな違いがあったのに、勝てば官軍のように振る舞っている。

国民の過半数が反対している消費税増税や集団的自衛権などの政策課題について各種の有識者会議を立ち上げて、権威で世論をねじ伏せようとしている。国民軽視と言わざるを得ない。

重要政策は、あほが選ばなかった政党の議員と国会で公明正大に議論して、国民を納得させるのが立派な議員というものであろう。

横暴政治　世論の喚起を

元三重県職員のＣさんが「集団的自衛権の行使を容認する閣議決定は違憲」として、安倍晋三首相と閣僚を相手取り、東京地裁に提訴した。安倍首相が憲法を軽視し、内閣に主権があるかのような振る舞いに常々腹立たしさを感じている私としては、大いなるエールを送りたい。

私も特定秘密保護法の時に提訴を考えたことがある。しかし、調べて分かったことは、わが国の裁判所が持つ違憲立法審査権は、具体的な争訟がある場合に、法令などが憲法に適合しているかどうかを判定する権限だということである。提訴する権利についても、具体的な権利保護や利益を欠く場合は請求が排除される、となっている。

過去の判例を見ても、統治行為に関する司法の不介入を理由に門前払いをしており、裁判では解決しない可能性が高いと思われる。やはり、内閣不支持の世論喚起を盛り上げることが大切ではないだろうか。

理由なき解散は首相の「狼藉」

憲法軽視の姿勢もきわまったのが今回の安倍政権による党利党略解散だ。憲法53条の規定に基づく野党の臨時国会開催要求を正当な理由もなく3カ月も放置してきたあげく、開いたと思ったら論議もなく解散する、というのだ。

閣僚らは「解散は首相の専権事項」と繰り返すが、そもそも間違っていると思う。行政府の長に過ぎない首相が、国権の最高機関である国会を確たる理由もなく解散させ、選挙で選ばれた議員を任期満了前に失職させる。そんなことがなぜできるのか。

もちろん、内閣の施策がことごとく衆院に阻まれ、解散して構成を入れ替えなければ行政が成り立たないということなら、憲法69条により、総辞職するか衆院を解散して国民に信を問えばよい。しかし、衆参ともに与党が圧倒的多数を占める。政策が通らないということはありえない。

憲法7条を根拠にする意見もあるが、天皇の国事行為を列挙している中に「解散」があるに過ぎないと思う。

首相の「狼藉《ろうぜき》」ともいうべき行為を見逃すのかどうか、国民は問われている。

唯一の被爆国でありながらなぜ核兵器禁止条約を批准しない

核兵器の開発や製造、保有、使用などを全面的に禁じる核兵器禁止条約が50か国・地域が批准して来年1月に発効することとなった。被爆者をはじめ核なき平和な世界を求める人々のつながりと長期にわたる努力が実ったものとして敬意を表したい。ところが原爆の唯一の被爆国でありながらしかも４９５の地方議会が条約の批准を求める意見書を突き付けているにもかかわらず、政府はかたくなに条約を批准しようとしないばかりか、「核保有国が乗れない条約になっており、有効性に疑問を感じる」「条約の発効で核保有国も参加するNPTが機能不全に陥る事態を避けなければならない」と核兵器の存在を肯定する思惑さえ言ってはばからない。卑近な例でいえば暴力に対して暴力は悪いことだからやめましょうと周りの人が言うのに、暴力を受けた本人は、そのほかからの暴力から守ってくれるから暴力団を悪く言わないで、と言っているようなものでしかも両者の橋渡し役になりたいとも言っているのである。いったいどのような橋渡しをするつもりなのか、想像するだけでも笑えてくる。確かに中国や北朝鮮の動きをみると核の傘に頼りたくもなろう。しかし見方を変えれば、北朝鮮や中国が日本を仮想敵国視しているのは日本に米軍基地があるからであり、それがのどに刺さったとげだからである。核保有国やNATOなどそれぞれの軍事同盟では「核の抑止力」を公言し「核の傘に守られている」と思い込んでいるが、裏を返せば「核を一番恐れている」ことに他ならない。核戦争が勃発したら人類や生きとし生けるものがすべて消え去る。その恐れを取り除こうというのが核兵器禁止条約である。核兵器がよこしまな政治指導者やテロリストによって使われることを防ぐために、当座の措置として今ある核兵器を国連が管理する方式にしてはどうであろう。日本政府がそんな橋渡しをすべきではないのか。

地域に主権　おぞましいとは

衆院憲法審査会で自民党の中谷元氏は「地域に主権があるとはおぞましい」と述べた。参考人の大津浩・明治大教授の「国民主権の地域的行使の場として地方自治を考えることが大事」との意見への反論だが、聞き捨てならない。

これは、米軍普天間飛行場の辺野古移設を認めない沖縄県の翁長雄志《おながたけし》知事の態度を疎んじた発言ではないか。菅義偉官房長官は移設を「粛々と進める」としている。地元市長選や県知事選の結果を顧みようとしない、自民党のこうした姿勢が発言の裏にあるのではないだろうか。

国政では選挙で議員を選び、その中から首相が指名される。地方自治では議員も首長も住民が選挙で選ぶ。しかも住民には、解職請求権と住民投票権が認められている。両者を比べれば、地方自治の方が直接民主制に近く、民意が直接反映されやすいのは明らかだ。地域の主権をおぞましいとする中谷氏の発言は、民意ひいては国民主権をも疎ましく思う気持ちの表れとさえ感じてしまう。

こうした発言が憲法審査会で出たことに驚く。国民主権を守るため、議論の行方を注視せねばならないと思う。

日本政府は国民に牙むくのか

菅義偉官房長官は記者会見で、沖縄県の翁長雄志《おながたけし》知事が米軍普天間飛行場の移設先となる名護市辺野古の埋め立て承認を撤回する方針を明らかにしたことに対し、翁長氏個人への損害賠償請求も選択肢とする考えを示した。かみつく相手を間違えた所業と言わざるを得ない。

普天間基地の辺野古移設を容認した前知事が選挙で県民の支持を得られず落選し、移設反対を唱えた翁長氏が当選したのだ。前知事が判断した埋め立て承認を撤回するのは当然ではないか。

菅官房長官にとって、地方行政の長は国のイエスマンでなければならないようだ。現憲法では「地方自治」の章を設けている。重要性を認めているからだ。菅官房長官は、それをご存じないようだ。

日本政府は、沖縄の米軍へリパッド建設反対抗議行動のリーダーを微罪で逮捕し、約5カ月も勾留した。さらに知事個人への損害賠償請求をしようとは。国が国民に牙をむいているとしか思えない。

本来、かみつく相手は米国のはずだ。普天間飛行場が危険だというならば、米国本土に帰ってもらえばいいだけのことではないか。

地位協定こそ人権侵害

横浜地裁は厚木基地の騒音被害を認め、自衛隊機の夜間・早朝の飛行差し止めを命じた。騒音による睡眠妨害などは相当深刻だと認めたもので、画期的な判決である。しかし、同じ基地を使用し、実質的な騒音の発生源である米軍機の飛行差し止めは「国の支配が及ばない第三者の行為」として認めなかった。これではせっかくの判決も形無しではなかろうか。

これまで、沖縄では米兵による日本人への暴行などが起こるたびに、日本の裁判権が及ばないという屈辱的な悲哀を地元の人たちが味わってきた。今また、本土でも日米地位協定の縛りにより、日本国民の人権がないがしろにされる現実を見せつけられたのである。

改憲論者は現憲法が押しつけられたものだと息巻くが、主権を侵害する地位協定こそ、押しつけられたと言うべきではないか。人権侵害だと米軍にはっきりモノを言うことが、主権国家の統治者の責任であろう。

民意無視の小選挙区制は廃せ

19日付本欄の「民意反映の選挙制度考えて」に同感である。そもそも小選挙区制度は議院内閣制のもとでの政権の安定性を図るのが主目的で、民意をそっちのけにした選挙制度である。

1選挙区1代表は、当選者に投票した人以外の有権者の様々な民意をいっさい切り捨てるもので、国民主権をうたった憲法の趣旨に背くだけでなく国会の形骸化《けいがいか》を引き起こす可能性もある。速やかに元の中選挙区に戻して、様々な政党が活発に国会で論戦を繰り広げるべきである。

小選挙区制は政権交代を可能にするといわれ、事実、自民党政権のDNAを色濃く受け継ぐ民主党政権に代わった。だが、普天間飛行場問題も後期高齢者医療制度も何ら民意に応えていないばかりか比例代表の議員数を減らすなど反民主主義的な強権政治をめざそうとしている。

我々が政治に望むのは民意が実現することであり、選挙に託すのは国会での民意の反映である。これらを実行してこそ、政権の安定が得られると心すべきだろう。

死票多い小選挙区制を正せ

「一票の格差」に対する最高裁の違憲判決を受けて、衆議院に次いで参議院でもようやく選挙制度改革の与野党協議機関が設置されるそうだ。

しかし民主、自民、公明各党の選挙制度改革案はいずれも、現行の小選挙区制はそのままに、比例部分の削減や区割り変更などでの微修正を考えているようで、判決が求める「投票価値の平等」という根本的な目的の実現には程遠い印象を受ける。

小選挙区制によって政権交代はなされたけれど、民主党政権の政治はマニフェストの不履行が続き、国民の期待を裏切り、混迷を深めている。一方、野党となった自民党も民主党批判の悪口雑言ばかりで、国民の信頼を回復しているようには見られない。

多くの死票を踏み台にし、もとは国民の血税である政党助成金までつぎ込んで今があるのがこの2大政党かと思うと、腹が立つ。

小選挙区制は国民生活の利につながったのだろうか。選挙制度改革は、政党や政治家のご都合に任せるのでなく、利害に中立な民間人による第三者機関の手によって、民意が公正・平等に反映される制度を構築すべきだと考える。

投票なしでも当選と言えるのか

統一地方選が始まった。驚くべきことに960選挙区のうち無投票となったのは321選挙区で無投票当選者は501人、率にして21・9％が選挙という洗礼を受けずに自治体の議員になるという。確かに公職選挙法では「選挙は投票により行う」としながらも立候補者が定数に満たない時は投票は行わないとしており、無投票当選も違法ではない。しかし国政選挙での投票率の低下にせよ自治体選挙での無投票当選にせよ有権者の政治意識の低下、主権者意識の希薄さに民主主義の危機を感じざるを得ない。実績の評価も政策の吟味もすることなく今後４年間の地方自治を託すことに選挙民も候補者も責任感や違和感を感じないのであろうか。『おまかせ』どころか『ほっとけ』では国政でも地方自治でも議会は本当に機能しなくなる。これを防ぐためには立候補者が定数に満たない場合でも選挙はすべきで信任投票は行うべきではなかろうか。

愛知県議会は請願の押印廃止を

県議会の請願に押印が必要なのは全国で愛知だけだという。押印がない請願の署名を無効とすべきではない、と県保険医協会が押印義務の廃止を求める陳情書を議長宛てに提出した。

県議会事務局によると、請願は県議会で審議される重要な制度なので、押印が必要だという。しかし、請願権は憲法16条で認められた権利であり、請願法でも氏名と住所の記載しか求められていない。

そもそも請願権は直接民主主義的権利であって、住民の代表である議会が十分要望をくみ取っていない場合などにそれを補うものとして行使される。つまり、議員が住民の要望にきめ細かく対処していれば必要ないのだ。それを考えれば議会はもっと謙虚であっていい。愛知県議会も、議会に「請い願う」ものだから押印くらい当然だ、と思っているわけではあるまい。

街頭などで多数に賛同の署名を求めた請願もある。その場合でも、一人ひとりに押印が必要で、押印がない署名は無効だという。しかし印鑑を所持せず外出する人も少なくない。押印は過剰な要求と思える。開会した6月定例議会で審議し、押印義務の廃止を決断すべきだろう。

「出国税」まず趣旨を明確に

自民党税制調査会で観光促進税（出国税）の創設が議論される。日本人・外国人問わず、出国時に「1人千円」を徴収する方向だという。400億円の税収を見込んでいるが、使途や効果が不透明だとの批判がある。そもそも、なぜ出国するのに税金を払わなければならないのかが分からない。

観光客の誘致増を目指すと言いながら、出国税を課すのは、外国からの観光客に「行きはよいよい帰りは怖い」と思わせないか。また、「おもてなし」に対する「見返り」を強制されているようにも受け取られかねない。千円とはいえ、いつ引き上げられるか分からないし、観光客に決していい印象を与えないだろう。

さらに、観光施策の財源に充てる趣旨というが、なぜ日本人の旅行者も負担するのか。観光だけでなく、海外出張や留学のために出国する人が、その度に出国税を徴収されるのはいかがなものか。

観光立国は、海外に大きく門戸を開くことで人の出入りを活発にし、文化交流を広め、地域経済を活性化させることにこそ主眼がある。国と自治体はそのお膳立てをすべきなのに、出国税創設はかえって水を差すことにならないか。

政治家は過去の歴史と経験に学べ

『人の振り見て我が振り直せ』と言う諺がドイツにあるかどうかは知らないが訪日したメルケルドイツ首相は、それが人と人の間でだけでなく政治の分野にも生かされるべきだということと自らの国政運営を語る中で示唆した。しかし自己中の安倍首相には馬耳東風だったようだ。原発問題では『日本という高度な技術水準を持つ国でも原発事故は起きた。想定外のリスクがあることが分かった』としてドイツでは脱原発に踏み切ったのに、当の日本では反省も無く再稼働に執心である。歴史問題でもメルケル首相は今日のドイツがあるのは『過去ときちんと向き合ったこと。それに対する隣国の寛容な対応があったから』と述べたのに対し、安倍首相は村山談話は自虐の歴史観、過去は切り捨て未来志向こそ大事と持論の積極的平和主義をぶち上げたようだ。過去の歴史に真摯に向き合い学ぼうとしない政治家は我々の未来を危うくする。有権者もこんな現実から学ぶべきではなかろうか。

経済・労働篇

企業は誰のためにあるのか

朝日新聞の「経済気象台」でR氏は「企業は誰のためにあるのか」と題して、世界的には株主第一主義を見直して企業はより幅広い利害関係者とその長期的利益に配慮すべきだという方向に進みつつあるのに、日本では相も変わらず株主重視の視点から企業統治改革論が続いており、「企業は誰のものか」を改めて問うべきだと指摘されている。おりしも新型コロナウイルス感染症の広がりで企業活動が停滞休止する中、世界的な株価の暴落が起きているが、日銀はまたもや国債を買い集めることによって株価の上昇安定化を図ろうとしている。株式など持ち合わせていない私には直接的には何の影響もないが年金生活者としてみれば、株式運用が50パーセントを超した年金積立運用機構に影響しては困る、と心配はしている。企業は誰のものかについては株主主権論とか経営者主権論とか従業員主権論などがあるそうだが、経済音痴の私が常日頃疑問に思っている株主主権論なるものについて意見を述べたい。株式とは企業活動への投資で、利益が上がった分のいくらかを配当として受け取るものだと思っていたが、今回のような株価の暴落、常日頃の株価の売買変動を見る限り、株式は「投資」ではなく「投機」に変わり果てているのではないかと思ってしまう。企業経営が火の車とは言えないまでも経営資金を必要としているときに株主はいち早く株を売り抜けてしまうのである。こんな利潤第一主義我利我利亡者が企業の主権者であっていいものだろうか。しかも日本の株主の30パーセント超が外国の機関投資家や資本家だというからなおさらだ。R氏は企業の目的は利益ではなく事業にあり幅広い利害を反映すべきだ、ともいわれている。この考え方は生活協同組合に近い。つまり生協は目的とする事業に対して、「出資、利用、参加」の原則で組合員から選挙された理事によって運営される。利潤を求めることが事業の目的ではなく収入の増加は設備の改善やサービスの向上に使われる、という事となっているのである。しかしこの後に続くR氏の「事業や長期的な利益の妥当性の判断については株主への説明責任がある」としている点でやはり資本主義体制の下では株主に主権があることを認めたものとなっている。残念ではあるが企業や製品が公的所有物、公共財ではなく私的所有物で利潤獲得の手段であるからには致し方ないことであろうか。しかし主権者であるはずの株主は先にも指摘したように投資が目的ではなく株価の上下に一喜一憂し株の売り買いに憂き身をやつしておりそれがかえって企業活動の不安定要素とさえなっているのである。そこで提案だが、株式の売買は一事業会計年度中は禁止する。社外取締役の権限と数を拡大する。株主総会だけでなく株主の日常的な発言提案制度を拡充する。などの制度改革を行ってはどうであろうか。こうすれば株主の権利を著しく侵害することもなく、企業も長期的展望をもって改革改善に取り組みそれが経営者、労働者の生産意欲を高め利害関係者の幸福にも繋がるのではないかと考えているのだが。

労働者使い捨て　国に未来ない

安倍晋三首相は経済を発展させるうえで経済動向に即した雇用の流動化が必須として「限定正社員」という労働形態を持ち出してきた。正社員化という待遇改善の一環と思いきや、限定とは「有期雇用」の正社員という意味のようだ。つまり企業の経営目的が終了すれば自動的に解雇できる正社員のことだ。

経営者や学者の中には、終身雇用制を古い経営の名残かのように忌み嫌う人もいるようだが、私はそうは思わない。これこそが企業の社会的責任の第一であり、労働者の愛社精神の源泉であったと思っている。物づくりにせよサービスにせよ、そこに労働者の知識と技術が蓄積され継承されなければ発展は望むべくもない。ところが、経営者は経営効率を上げるため、正規社員を非正規労働者と入れ替え、さらに限定正社員制度で労働者を根こそぎ使い捨てにしようとしている。

労働者の不安定雇用は、企業の継続性を損なうだけでなく、長期的には年金や社会保障制度を破綻《はたん》させることは明らかだ。労働者を使い捨てにする国や企業に未来はない。正社員のメリットといわれた終身雇用制を、何もなくすことはないだろう。

派遣事業の禁止を願う

政府は先の国会で廃案になった労働者派遣法改正案を今国会に再提出した。改正案が成立すると、三年ごとに働き手を変えれば、企業はどんな仕事でも派遣労働者を使用でき、また、派遣会社が「無期雇用」をしている労働者を同じ職場で期間の制限なく働かせることができるようになる。

安倍晋三首相は「正社員化を含むキャリアアップ支援法案」だと言うが、本当は企業を活躍しやすくするための法案ではないのか。

非正規労働者が労働者全体の37％を占め、雇用の調整弁としてのほか、正規労働者の労働条件切り下げにも利用されている。だが、労働基準法第6条では、法律に基づいて許される場合を除き、業として他人の就業に介入して利益を得てはならないと定め、職業安定法第44条では労働者供給事業を原則禁止している。

私は原則に立ち返って労働者派遣事業そのものを禁止し、企業が労働者を直接雇用するべきだと思う。

解雇自由は人権侵害の恐れ

産業競争力会議が15日開かれ、長谷川閑史《やすちか》・経済同友会代表幹事が解雇を原則自由にするよう法改正を求め、金銭を払って解雇できる制度を提言した。現実は既に多数の労働者が派遣や非正規の不安定雇用に甘んじ、低賃金に苦しんでいる。そのうえに「解雇自由の原則」とは、労働者の人権を甚だしく軽んじるものではないか。

労働契約法（労契法）16条は解雇に「客観的に合理的な理由」を求めている。最高裁の判例においても解雇権を制約する法理が確立している。

労契法16条は、使用者より立場の弱い労働者を、解雇権乱用から守る歯止めになっている。もしこれを改悪して「解雇自由」がまかり通ればどうなるか。いくら労働基準法が「労働者と使用者の対等の立場」を定めていても、労働者は使用者に生殺与奪の権利を握られ、「対等」はおろか、隷属的状態におとしめられることは明白だ。

長谷川氏は労働市場の流動化を通じて経済成長を企図しているのであろうが、現実には、解雇された人の受け皿となる産業がなければ労働者はあふれて失業者に転じるだけである。労働者の犠牲の上に立つ経済発展に何の意味があろう。労契法16条の改悪に反対する。

企業内部留保にメスを

　景気が、世の中に流れるお金の量に左右されることは誰もが知っている。しかし、その流れを悪くしているのが大企業の内部留保だということはあまり知られていないし、誰もその蛇口を開こうとしていない。

　企業の内部留保は二百六十兆円超といわれる。この何分の一かでも賃上げや雇用に注入すれば、お金の流量は増え、景気は改善するだろう。そうすれば企業は設備投資や研究開発に取り組み、所得税や法人税などの税収も増えるはずだ。

　ところが、安倍晋三政権はこの内部留保には目をつぶり、政府主導で物価を上げたり税金を企業につぎ込んだりして、無理やりお金の流れをつくろうとしているようだ。糖尿病の人にさらに砂糖を与えるようなもので、景気の回復も経済の発展も庶民の暮らしの改善も、望むべくもない。

　株などの不労所得の増減に惑わされることなく、勤労国民の正当な報酬アップに取り組もうではないか。

株式の『売り』に課税すべきだ

新聞に載っていた『金融取引グローバル課税必要』というロンドン大学名誉教授ロナルド・ドーア氏の説に大賛成である。

ドーア氏の『金融が乗っ取る世界経済』は読んではいないが、ここ10年程の世界経済動向のニュースを見聞きするかぎり、この乗っ取り犯の主犯格は恐らくヘッジファンドであろうと私は推測する。

実にこのヘッジファンドは多額な資金で株式の売買をしかけ強引な株価操作を繰り返して更に資金太りしその資金力で世界経済を牛耳っているばかりか、一国の経済財政を揺るがしその命運までをも支配する様になっている。ヘッジファンドは資本主義経済体制の中に巣くう『獅子身中の虫』である。

そもそも『株式』は物づくりなど企業活動への投資でありその見返りは配当である。したがって株価は実体経済の動向を反映していた。ところが近年株式は『投機』の格好の材料としてもっぱら株売買の差益のみが追求されるようになり、株価は実体経済とは無関係に上下し、それが企業活動の不安定要素となっている。そこで提案だが、株の売買のうち買いについてはこれまでの優遇措置は残すとしても、売りの方には重い課税をしたらどうであろう。さすれば投資の意義は保たれヘッジファンドの暗躍はかなり防げるのではないか。ヘッジファンドがこれまでの飽食で次の世界経済の好況期をまっておとなしくしている間に、この課税制度を世界的に推し進めるべきであろう。

テレワークで変わる雇用形態　新しい労働協約を

テレワークのメリットは、情報通信技術を活用し時間や場所の制約を受けず働ける、いわゆるフレックスタイム制、労働者の自由裁量で仕事ができるということだが、果たしてもろ手を挙げて受け入れてよいものだろうか。今回のテレワークへの移行は新型コロナウイルス拡散抑止策として三密を避けるため営業やイベント外出の自粛などの要請を受けてそのうちのいくつかの事業所で取り入れられた働き方である。自粛とはいえ新型インフルエンザ等対策特別措置法25条に見られるようにある意味財産権や自由を束縛することから各種の財政的補償がとられているが、テレワークについては何らかの補償がされるとは聞いていない。

私が危惧しているのは補償のあるなしではなく、このままコロナ終息後も労働協約の変更もなしにテレワークが常態化するのではないかという点である。

テレワークのメリットは経営側にとっては多々ある。労働者の身分は業務請け負いとなり、労働基準法適用除外になる可能性がある。つまり経営者にとっては残業代、交通費、電気代、福利厚生費などの職場環境コストの削減などなど、さらには年功序列の解消、中間職制不必要、ベアなどの賃金問題、煩わしい団体交渉などを受けなくてよいなどが考えられる。一方労働者は経営者のメリットをデメリットとして丸々被ることとなるだろう。実際テレワークを経験した人たちの中にはフレックスタイムのメリットとは裏腹に在宅勤務の難しさを実感しているようだが、コロナ終息後を見越して、経営者との間でテレワークに関わる労働条件と身分について新たな協約を締結する必要があると考える。

働く者の意識改革で社会改革を

労働組合の組織率が下がり続けている。1949年の55・8パーセントをピークに2018年には17パーセントまで落ち込んでいる。こんな低い組織率では、憲法28条の団結する権利及び団体交渉権、その他の団体行動権は空文と化し、労働基準法2条に言うところの『労働条件は労働者と使用者が対等の立場において決定すべきものである』との行為基準をも果たせなくなるのではなかろうか。労働者のほとんどが労働組合の存在を必要としないほど現在の職場環境、待遇が満たされているかというと全く違う。中小企業との賃金格差は広がり、医師や教師の残業は過労死水準を超えており、職場は非正規職員が三分の一以上を占め、正規労働者には働き方改革と称して裁量労働制をテコに残業代無しの請け負い労働者化を図ろうとしているのである。労働組合が取り組むべき課題はそれだけではない。医療や介護、年金や消費税増税など生活全体に関わる要求も山積みで、憲法改悪や平和の維持などの政治的課題にも無関心ではいられない状況にあって労働組合の組織率の低下は由々しき事態だと言わざるを得ない。

かつて春闘と言えば労働者の一大イベントであったが、今では官製春闘と言われ賃上げ要求も中小企業との賃金格差を広げてはならないとの理由で格差を低きに合わせようとするへっぴり腰の春闘となり結果として溜めに溜めた内部留保からのトリクルダウンのほんの少しのおこぼれをありがたく頂戴している有り様である。賃金闘争で先導的な役割を果たしてきたトヨタ労組は今年は妥結額を公表しないという。このような内向きな組合活動では多くの労働者を団結させることは及びもしないであろう。ストライキが死語となった現在では組合幹部は経営者に忖度するのではなく労働者の要求に耳を傾けその要求を実現するために経営改善案提起と抱き合わせで団結して経営者に当たるべきであろう。

しかし異常とも見える組織率の低下を組合幹部だけに責任を押し付けるべきではない。どうやら労働者の権利意識の欠如がもう一つの要因のようだ。聞くところによると、多くの学生や生徒は労働者として社会に出るに当たって労基法や労働組合法の話を耳にしたことがないと言う。かく言う私も国家公務員法の縛りがあることは承知していたが、憲法28条や労基法の存在を知ったのは労働者になって随分たってからで「ボーっと生きてんじゃねーよ！」とチコちゃんに叱られるところだったのだ。このようなこともあって、民主平和憲法の70年の経過の中で何故かしら残念なことに主権者ボケが伝染しているように感じられる今日この頃である。改めて主権者教育が望まれるところである。

世代間の対立を煽るような取り組みにしないで

経済界、労働界、学界などで作られている日本アカデメイアは、「子どもや若者ら将来世代の意思を今の政策に反映できるような仕組みを作るべきだとして２０５０年の日本の在り方を見据えた提言をまとめたという。若者が政治や選挙に目を向け参加することに異存はないし大いにそうあってほしいと願っている。しかし提言が、年金や社会保障にかかわる国の借金が増え財政再建が先送りされている現状について、「将来世代が享受すべき富を現世代が先食いしている」と認識、社会保障の資源を高齢者向けから若者向けに転移し次世代の育成に留意することも重要、と強調している点が私には気にかかる。提言は世代間の対立を煽り資源の使い先を振り分けることとしか考えておらず、根本的な解決策を提示していないと思う。年金や社会保障の充実について現世代高齢者が要求し戦っているのは自分自身の利益のためであることは否定しないが、これを制度改革として次世代に残していこうという親心もあると知ってほしいのである。我々高齢者は今の生活水準をこれまでに高め平和を守っていてくれたのは先人の戦いがあったからだと肝に銘じている。また国の借金についても、財政を預かる国政府のやりくり偏重が生み出したもので、課税と分配を適正に行えば解決する問題で、現役世代のおねだりの責任ではない。せっかくの日本アカデメイアが将来世代の意思を政策に反映させようというのならば、真に将来世代の政治意識を高めるための憲法の教育にこそ力を尽くすべきではないだろうか。

ベーシックインカムを必要とする社会の到来に備えて

日本の3大メガバンクは、いずれも事務作業のデジタル化やAIロボットの導入によって従業員のほぼ1／3を削減するという。これは日銀のマイナス金利政策が長期化し融資による利鞘だけでは収益が上がらなくなったことに対するリストラと言われている。こうしたAI導入による人員削減は銀行に限らず人件費の支出を最小限に止めようとしている全産業、職種に広がる様相を呈している。それでなくとも多くの職場で非正規社員は4割近くに達し正規社員も裁量労働制で一人親方の請け負いに替えられつつあるのである。こうしたAI化の動きは、平成経済で指摘されているような『分配の不均衡』以上の打撃を労働者に与える恐れが有る。生産性を高め生活を豊かにするはずの科学の進歩が労働者を痛め付ける、とは言え今時『打ち壊し』で解決する問題でもなかろう。経済は生産と消費が循環して成り立っている。消費を支えているのは賃労働であり、労働者に稼ぎがなければ消費も、やがては生産も止まる。こうなれば税収は激減し、財政による生活保護はおろか休業補償さえも出来なくなるであろう。マルクスは『空想から科学へ』のなかで資本主義社会における矛盾は生産力の私的所有に有りこれを解決するためには、社会が公然と生産力を掌握する必要があると言っている。私的所有権を侵さないで国が介入出来るのは株主になること半官半民態勢にすることであろう。こうすればベーシックインカムの原資を得ることが出来、労働者と国民生活を守ることが出来るのではなかろうか。労働者受難の時代には、経済の発展よりどう持続させるのかが今問われている。

教育篇

仰げば尊し我が師の恩～教師の復権を

かつての卒業式といえば、「仰げばー尊し我が師の恩」の歌を何の違和感も抵抗感もなく、むしろ感慨をもって歌ったものだが、最近は児童や生徒がみんなで選んだ歌が歌われていると聞く。教師に対する畏敬の念といえないまでも信頼までもが失われていることの表れではないかと憂いている。確かに昨今の学校教育の現場でいじめや不登校、体罰など問題が起こるとすべてが教師のせいにされ謝罪させられる光景を見聞きする児童の目には信頼どころか見くびりが生まれそれが学習態度にまで現れるという由々しき事態に陥っているようだ。

起きてしまった事件について反省し謝罪することは当然だとしても萎縮するのではなくこのような事件を起こさない起こさせない具体的で毅然とした行動と指針を示すことが教師への信頼復権の道であろう。教師教育とは積年の知識と技術を次世代に継承発展させるというかけがえのない崇高な使命を持ったシステムと聖職である。そのことに今一度立ち返って研鑽に励むとともに自信をもって児童に接してほしいと思う。

アナログ形式にこそ教育の真価がある

新聞の投書欄で高校生Gさんは豪への留学経験から「アナログすぎる日本の授業形式を続けることに意味はあるのだろうか」との疑問を呈しておられる。学校教育のデジタル化については、OECD・PISA18の結果を受けて荻生田文部科学大臣が「加盟国に比べて遅れており、一人一台のコンピューターを措置したい」と述べたこともあって、かつて本欄でもデジタル化を歓迎する中学教師のO氏の投稿が載ったことがあった。その時も私は学校教育のデジタル化については教師を含む幅広い人たちで検討すべきではないかと反論を投稿したこと（掲載はされなかったが）があった。投稿を見る限り教師も生徒も効率的なデジタル授業に期待しているようであるが、私は「板書。ペンも使わないノートパソコンの授業は楽しいですか」と聞き直したい。タブレットの普及。ICT遠隔授業の進展が進めば、しまいには教師も、学校も必要でなくなる社会が訪れるのではないかと危惧する。教育に望むのは一律や効率ではなく、多様性を認め合い、互いに高め合う心を育てる場であってほしいと願っている。

学校は行きたくなければ行かなくてもよいのか

不登校の多くが、いじめや学業不振、集団生活が苦手などが原因だと思っていたが、あるテレビ番組で積極的不登校があることを知り、親も認めていると言うことを知って唖然としてしまった。小学低学年の男の子だが自ら『革命少年』と名乗り専らユーチューバーとして不登校の時間を費やしているという。不登校になった理由を『同級生は先生の言うとおりにしか動かないロボットだ。行きたくない学校に無理強いされて自殺するより自分が楽しいことを自由にやったほうが良い』からだという。昨今では不登校に寛容であったり暗に推奨している人達を見かける。中には原因解決には目をつぶり不登校者の受け皿の必要性などを声高に言う人も少なからずいる。

私は不登校については一見思いやりとも見える逃げ場所作りよりも、その子に『立ち向かう力』を育てると共にその原因排除に大人が真正面から取り組むべきではないかと思っている。なぜなら不登校の烙印は社会に出たときに最初に就職でつまずくであろうことは明らかで、結局は親の扶養かニート、引きこもりになるしか道はなかろう。ユーチューバーにしてもそこから得られる知識やコミュニケーション力は偏ったものでたかが知れている。義務教育は教育基本法の目的に述べられているように、人格の完成を目指し、平和で民主的な国家、及び社会の形成者として必要な資質を備えた心身ともに健康な国民の育成、社会人を期して行われているのである。それゆえに親権者には保護する子女に普通教育を受けさせる義務を課し、国は義務教育を無償としているのである。不登校は腫れ物に触ることを恐れるのでなく、誠意を尽くして当人と徹底的に話し合うことから始めなければならないと思う。死んで花実が咲くものか。子どもにも理解させたい諺である。逃げれば居場所はどこにもない。

ゆとり教育の正しい総括を（両者の理解と教育方法が適切であったか）

知識量の多少が学校でも社会でも個人評価の尺度とされ、教育の場にも知識量獲得の競争原理が慢延し、できる子できない子との格差は子どもたちの心をむしばんで非行やいじめ校内暴力、落ちこぼれ、不登校自殺など目指すべき全人教育が消し飛んでいた『詰め込み教育』の反省から始まった『ゆとり教育』であったはずだが、意外にもゆとり当事者世代にも『ゆとり教育』批判があることが本紙のフォーラムで紹介されている。寺脇氏によると当時の大人たちからはゆとり教育に反対する動きがあり、ＯＥＣＤの学習到達度調査『ＰＩＳＡ』で日本が読解力で14位まで下がると、それ見たことかと『脱ゆとり教育』への揺り戻しが始まったという。ＰＩＳＡの調査がいかなるものかは知らないが、単に従来型の知識量を測るものであるならばこれだけをもってゆとり教育を批判するとは元の木阿弥を引きずり出すことにほかならない。直近の学力調査を見てもＡ問題は70％の正当率はあるもののB問題の正当率は50％と低い値が出ている。この値は相変わらず30％の落ちこぼしがあるということと共に、ゆとり教育が目指した主体的で考える学習によって応用力を育むという目標も半分の児童にしかついていないということを示すもので、脱ゆとり教育への移行がゆとり教育の正確な総括がなされないまま行われたことを示している。その弊害は今回の新指導要領にも色濃く反映されている。小学校からの英語の教科化、プログラミング教育の導入、知識量増大に留まらずこれをアクティブラーニング方式で教育せよと言うのだから、教師にとっても児童生徒にとっても超過重詰め込み教育がのしかかることになる。これはどう見ても新教育基本法が目的目標とする理念から程遠い教育と言わざるを得ない。仮にこれを成功させようとしたらゆとり教育の総括と、教師の再教育、働き方改革とを同時的に解決するための文科省、教育委員会の積極的な働きが欠かせないと思う。

アクティブラーニングの環境作りを

一年生の孫の授業参観があったのだが、母親は休暇のやり繰りがつかないと言うのでジジ、ババが参観することになった。教室に入ると壁一面に子どもたちが描いたそれぞれのお母さんの顔が目に付いた。上手下手は別にして実に個性あふれており思わず微笑んでしまった。審美眼や学芸員の説明無しでは心象を理解しがたい名画と違って、お母さんの顔と太陽とか動物とかをあしらったもの、様々な色使いを見るとお母さんに対するその子の心象が忍ばれて心温まるおもいでした。授業は図工で折り紙とハサミを使って4人が手をつないだ切り絵を作るというものでした。ほとんどの子どもたちが先生の説明通りに仕上げた中に一人だけ4人がまあるく手をつないだ切り絵を作った子が有りました。これはおもしろいと思い先生に取り上げてもらおうとしたのですが、その子は間違えたのが悲しかったのか泣きながらすぐに作り直していました。後日此の件こそアクティブラーニングのきっかけになったのではないかと先生に手紙を出したところ、時間内に子どもたちが安全に仕上げることだけに気が行ってしまい、その子の発見をその他の子どもたちと共有して新たな子どもたちの発見につなげることができなかった。意識するのは時間ではなく子どもの様子であったと返事をいただきました。アクティブラーニングはやる気や興味をもたせることから始めるとなっているがそのこと自体口で言うほどたやすいことではない。この教訓は子どもが分からないところからとか失敗を契機として導入することもできることを示しています。いずれにせよゆとり教育の時代ならいざ知らず、限られた時間内に教えることもてんこもりのそのうえにアクティブラーニングをどう取り入れて行くかは至難の業と思われる。また教科書が重くなったので『置き勉』を認めようとしているが、復習や予習、宿題などに支障を来すのではないか。その事が家庭と学校との繋がりを途絶えさせることになるのではなかろうか。アクティブラーニングは教育を一歩前進させるであろう。文科省教育委員会教職員父母がその前進の為に具体的な環境作りに取り組むべきはなかろうか。

先生様　間違えたとしても勉強嫌いにさせないために

先日は子どもたちの授業を参観させていただきありがとうございました。実はあのとき授業の参観だけでなく授業に参加させていただきたい衝動に駆られたことがあり、今でもそのことが気にかかっていますので、失礼かと思いましたがお手紙をしたためさせていただきました。

先生が提示された切り紙の張り絵の美しさに子どもたちの歓声が上がり、授業への集中が一気に高まりました。最初の切り絵、４人が手をつないだ切り絵についても先生の言われたように紙を折り畳み記した人間の形に沿って上手にハサミで切込を入れてみんな真剣に取り組み完成させていました。

ところが私の前の女の子が、どのように紙を折りハサミを入れたのかは解りませんが、４人がまあるく手をつないだ形に仕上げたのです。これはおもしろいと思い、他の子どもたちに見せてあげたいと思ったのです。当人は間違えたことに気づいて泣きながら、再挑戦していました『みんなは先生のおっしゃるとおりに折って切ったら４人が手をつないだ形になったけど、Aちゃんは同じようにやったつもりだったけど、こんな形の切り紙になったんだって。格好いいと思わないかい。他にも変わった形の切り紙ができた子はいないかな。今A子ちゃんはもう一度先生に教えてもらったように4人手をつないだ切り絵をつくっているけど、みんなもまあるく手をつないだ切り絵もつくって見たいと思わないかい。でも今日は時間が無さそうだから、今日家に帰ってから折り方を変えたり、ハサミの切り込み方を変えたりしたらどんな形の物ができるかやって見ようか。そして明日、みんなで持ち寄ってどうしたらこんな形になったかを話し合ったら楽しいよね』と子どもたちに呼びかけてみたかったのです。子どもたちは図工の漢字と意味は知らないかもしれませんが、図は地図設計図の図で画を正確に描くという意味があり、工は工事工作大工など作るという意味のほかに、工夫する（創造する）という意味があります。みんなで集まり自分なりの工夫を話し合う。図工こそアクティブラーニングの実践の場ではないかと考えた次第です。勝手な思い込みご容赦ください。ありがとうございました。

暴力は愛の鞭ですか

体操の速見コーチは謝罪会見で、暴力は指導の一環かとの問いに「私も危ない場面ではたたかれた。それでも当時は教えてもらえたという感謝の気持ちが根底にあった。それは本当に間違いだと今回学んだ」と述べている。速見コーチに限らず監督とかコーチといわれる人たちの間に暴力的指導を「愛の鞭」だと豪語してやまない人たちが少なからずいる。しかもそれはスポーツ界のみならず職場や学校、家庭の中で、たたき上げ、指導、しつけなどの美名に隠れて強弱の違いはあるものの広く蔓延しているようだ。さきに、5歳のA子ちゃんが覚えたてのひらがなで『あしたはよいこになりますからもうゆるしてくださいい』と書き残したことに涙した人は多いだろう。今日の新聞には、岩手の高校3年生のバレー部員が、顧問の暴言に悩んで自殺したというニュースが載っていた。およそ他人に教えるという立場の者が、対象者が自分の思いどおりにならないからと言って、暴力沙汰に及ぶというのは「指導」を放棄するもので、自らの指導力のなさを相手のせいと勘違いして暴行に及ぶのであろう。たたくことで自分の思いどおりに仕立て上げようというのは、サーカスの猛獣使いのやることで人間には通用しない教練方法だと思う。体操だけでなく知識や文化、科学に至るまで教えるという行為を通じて人間は歴史を伝えてきたし、それを鍛錬することで歴史を発展させ人類を進化させてきた。知識、技術、心、健康の新しい鍛錬法を互いに探し出そうではないか。

教師の忌憚なき意見を聞きたい

新聞のオピニオン面に、現職の公立小学校校長F氏の『教員。児童の心身のため、20年度の授業増　撤回を』と題する寄稿が載せられた。先に文科省が示した新学習指導要領によって小学校の授業時間が年間で35時間増えることに対する、カリキュラム。マネジメントの立場から危惧を表明されたものである。冒頭で氏は文部行政に物申すのは心苦しいが、と断っておられるが、教職には門外漢である私でさえ新学習指導要領の目的や目標にはうなずけるものの、それを実践するうえでの具体的な手立て処方も示さずに教育現場に丸投げする文科省のやり方に疑問を持っていた事もあって、氏の発言は心苦しいどころか教職に携わる人の責任を正当に表明されたものと受け止めたい。氏はまた授業時間を増やしただけで学力向上を見込めない事は定説になっており、児童期に必要なのは適度な学習と適度な自由時間であり、詰め込み教育への回帰は不登校やいじめなど教育環境を悪化させかねないとも指摘されている。教科書のページ数が3割ほど増え、その中でアクティブラーニングを行おうとするのは児童にとっても教師にとっても至難の業と言わざるを得ない。指導要領の解説の中で文科省は『これまでとは違う指導方法を導入しなければならないと浮足立つ必要はない』と能天気なことを言っているが、教育現場では大いに悩む先生方もおられるのではなかろうか。現職の先生方の忌憚ない意見を聞きたい。

「混乱」しているのは文科省。「迷惑」している高校生こそ声を上げて

2020年度から始まる大学入学共通テストで導入される英語民間試験について全国高校長協会は7月に続いて10日「受験生の不安が解消しておらず来年4月からのスタートは延期すべき」とする申し入れ書を文科省に提出した。しかし文科省はまったく意味不明の理由、「延期すればかえって受験生の地域格差経済格差が拡大して大きな混乱を招く」としてスケジュール通り実施する意向を示した。かねてより、教育関係者でも当事者でもない私でさえ英語の民間試験に疑問、反対を感じていたところだが、これを報じた同じ紙面に「英語民間試験反対投稿に文科相が異議を唱え、あきれたことに高校生の政治議論は、公選法違反だとツイートしている」という記事に、文科省は混乱というより錯乱しているのではないかと思った。英語はグローバル社会にとって必須スキル、は分からぬでもないが日本を訪れたり日本人が訪れるのは英語圏ばかりではなかろう。しかも外国語の習得にはコミュニケーション環境が第一だ。その国の国語であれば、聞く話すは幼児でもできる。今の高校で外国語教師はもちろんその他の教師が様々な場面で英語で話す環境になければ、英語の授業だけでは話す聞くの能力は極めて困難であり英語塾にでも通わなければ十分には習得できないであろう。それを入学共通テストで試験しようというのはちちと無理と言えよう。しかも聞く話すのテストはかなりの時間と試験官の能力と数を要することは明らかでそれを解消するために民間業者に委ねようというわけだがその民間業者による資格検定

試験は全く別々のものでそれに見合った勉強もさらにしなければ受かることはかなわないであろう。いずれにしても今からそれを高校生に求めることは酷というものであろう。また共通テストの意味を持たないと思われる。中止で混乱するのは文科省と業者であって高校生は迷惑だけこうむるのである。教師生徒が一丸となって「共通テスト」と言える状況をになるまで英語民間試験を延期するよう文科省に訴えよう。

小学生から英語教育は必要か

中央教育審議会は、新学習指導要領の改訂についての答申を、文部科学相に提出した。小学校5―6年の英語の教科化やプログラミング教育など、これまで限界とされてきた小学校の授業時間、週28コマを越えるという。『ゆとり教育』が学力低下を招いたという反省からだというが、どう見ても詰め込み教育の再現としか思えない。英語教育にしても、小学5―6年と言えば正しい母国語に習熟すべき時なのにわざわざ外国語を覚えさせる必要が有るだろうか。グローバリズムに適応出来るようにという大人の思い込みに振り回される子どもたちが可哀想だ。又子どもたちが討論やグループ活動を通じて能動的に学ぶアクティブラーニングを重視するとも言っているが、ゆとり教育の中でならいざ知らず、こんなギチギチの学習環境の中で、教師も小学生も果たしてそんな余裕が取れるのかも疑問だ。将来を担う子どもたちにあれこれの大人の思いを背負わせるのではなく、独り立ち出来る子どもを育てる学習指導要領であってほしいと願っている。

英会話ができなければ入試も就職もできなくなる日本になるのか

22日の声、元大学英語教員A氏の［英語の『話す』高校入試に不向き］に賛成だ。氏が指摘されているように「話すことの試験には、発音やコミュニケーション能力も含まれ、評価すべき項目が余りにも多い。採点には訓練を積んだ人間が時間を掛けてしなければ正確にはできない。それだけの膨大な費用と時間を掛ける価値はあるのか」と述べておられる。新学習指導要領では小学生からの英語の教科化が始まる。なんでも英会話はグローバル社会に適応できるようにというありがたい大人の思いやりだということらしいが、子どもや教師によっては重荷に感じている人も多いのでは無かろうか。何せ外国語はそれを母国語とする子どもなら学校に入る前から話せるけれど、日常生活環境でその必要がない日本人にとっては学習でしか習得できない。当然に教える教師も教職課程での英会話学習が求められることとなる。外国語を第二国語化しようというのには余りにも環境が整っていないのではなかろうか。英会話ができるに越したことはない。しかし英会話ができないというだけでその他の能力の開花、成長の芽を積んでしまうような学校教育であってはならないと思う。児童生徒にとっては民間の英会話教室が第二の義務教育機関となり、経済的に通えない子も出てここでも格差を増幅することになりはしないか。英会話ができなければ入試も就職もお断りという日本社会がやって来そうで日本国のアイデンティティ。クライシスが起こりはしないか心配だ。

英語の民間試験は「共通テスト」になじまない

２０２０年度から始まる大学入学共通テストで導入される英語の読む書く聴く話すの４技能のテストを民間の英語検定試験機関に行わせることについて、金銭的地理的な条件で不公平が生ずるのではないかという指摘について、萩生田文科相は「あいつ予備校通ってずるいよな。とひがむのと同じだ。そこは自分の身の丈に合わせて勝負して」と突き放した。ここに言う彼の「身の丈」とは受験生の学力ではなく本人にはどうしようもない金銭的地理的格差を容認しての発言であることは疑いない。受験生の分際で試験する側の者にやり方の文句を言うとは何事と言わんばかりのこのような文科相の発言を受験生はどのように受け止めているのだろうか。

英語の民間試験導入に対しては全国校長会からも導入延期、中止の要望が出ているように、教育者の側からも疑問が出されているのである。

そもそもセンター試験にせよ今回の共通テストにせよ、高校生が高等学校において大学に入学、勉学が続けられる学力を履修しているかを確かめる共通の第一関門であるはずだ。しかるにここにきて英語の4技能をそれぞれ違った目的で作られた民間の資格試験機関に任せるというのは、メモリの違う計算尺で採点することになり「共通試験」の意味をなさないであろう。やはりこの際英語試験の民間委託は再考すべきであろう。

教育への政治介入許すまい

大阪府の橋下徹知事が率いる「大阪維新の会」が、教育行政への政治関与を明記した「教育基本条例案」と、職務命令違反をした職員を分限免職できる「職員基本条例案」を府と大阪市の9月議会に提出すると発表した。この動きに民主主義の危機を感じる。

憲法にのっとり制定された教育基本法は、教育に関する目的と目標を定め、その16条で教育行政について国や地方公共団体がなすべきこと、してはならないことを明示している。なすべきことは教育の公正適切な振興策。してはならないことは、政治的介入である。かつての軍国主義教育の反省から確立したもので、「教育は不当な支配に服することなく」と教育の目的や目標が時の為政者によってねじ曲げられないように明記してある。

維新の会の条例案は、教育に対する露骨な政治介入の宣言である。見過ごせば将来の教育と民主主義に大きな禍根を残すであろう。

家庭の力こそいじめなくす

いじめを憎む気持ちや、いじめを苦にして自殺した子、子を亡くされた両親を悼む気持ちは人一倍持っているつもりだが、その原因について全て学校や教師の責任とする風潮には違和感を覚える。

ましてやこうした事件を利用して学校や教師、教育委員会を国や自治体の行政下に置こうとする動きには、何をか言わんやである。

いたいけな子どもがいじめの悩みを誰にも相談できず、死とはなんぞやを知ることもなく自殺を選ぶのはあまりにも痛ましい。背景にはわれわれ大人と子どもたちとの絆のひ弱さ、信頼関係の希薄さが横たわっているのではなかろうか。

確かに心身ともに健康な社会人として成長するために学校教育の改善は不可欠である。しかし、子どものしつけや性格の善しあしまで学校にお任せというのでは、親としての義務を放棄したのに等しいのではないか。

今、われわれに求められているのは何でも話し合える親子の信頼関係―「家庭の力　絆の回復・強化」であろう。この力こそが、いじめをなくし、子どもを自殺から守る最良の道ではなかろうか。

子どもは社会の宝

根本にあるのは親の子どもに対する愛護の精神の欠如曲解であることは明らかではあるが、そのような不埒な親の存在を想定して定められた児童福祉法による児童相談所の不手際で幼い子どもが命を落とすという事件が相次ぎ、社会的問題となっているさなか、児相の一時保護所での子の人権侵害が明らかになり暗然たる思いに打ちひしがれた。

一時保護所とは虐待や非行などの理由で保護が必要と児童相談所長が判断した子どもたちが最初に生活する場所で、一時保護の期間は原則2カ月まででその間に養護施設に入れたり里親を探したりする取り組みを行うという。その間は原則として学校には通えないということ。この一時保護所の実態を子どもからの聞き取りや立ち入り調査した東京都の第三者委員会は、「子どもを管理するルールが過剰な規制で人権侵害に当たる」と指摘している。

子どもたちの声には、「まるで自由がない。刑務所みたいに規制される、言いつけを守らないと罰を受ける」などなど二度と来たくないなどと言っているようである。家にいるのがつらくてここに来たのに、ここでもこんなつらい目に合うなんて、子どもにそんな思いにさせるのは、児相の職員の中に被虐待、非行の原因は子どもの側にあるという虐待側の発想論理がどこかに潜んでいるからなのではないだろうかと疑ってしまう。昔の人は言ったものだ。子どもは宝。すべての親や社会が今いる自分の自由や権利を使い果たすことにあくせくしないで、その権利や自由を子どもたちに豊かに育み伝えていくことこそ愛護というものだと知らなければならないと思う。

社会問題篇

マンガチックなコロナ対策

世界的にも深刻な経済問題や生活不安人権人命問題を引き起こしている新型コロナウイルスに対する政治家たちの無為無策ぶりを見るにつけ、これではウイルスに感染しては命が危ないぞと不安に駆られる一方、筋書きのないドタバタ漫画の端役に取り込まれたような不愉快さを感じているのは私だけであろうか。感染者が続出しているアメリカのトランプ大統領が感染防止策を講じる前に、マスクをつけることもしないで、ＷＨＯが中国寄りだとして脱退を宣言したり、どこかの大統領はコロナ罹患者を犯罪人扱いしたりとにかくいかにしてコロナの感染防止、撲滅に力を発揮するのではなく政治や経済をますます混乱に陥れていることに、人類はこれからも未知の病原菌に遭遇するたびに病原菌は素早く国際化するのにそれに対する対策は各国バラバラで対処していくのかと思うと笑えてくる。日本でも感染症対策と言えばまず厚生労働省が国民の生命と健康、労働者の保険衛生に全力を挙げて取り組み、感染者と無症状のキャリアを選別隔離治療すれば国民全体を巣ごもりさせて、営業や製造はたまた娯楽や文化活動を停止させＧＤＰを低下させることもなかったのに、なぜか西村経済再生担当相がコロナ対策のリーダーシップを取っている不思議。おかげで第二次感染の兆候が専門分科会から指摘されても、非常事態宣言を出すことを躊躇している有様である。第二次非常事態宣言の中身がどのようなものになるのかは分からないが、発出を渋っている原因がこれ以上営業補償や生活補助を出したくないからなのは見え見えである。ＧＤＰの落ち込み感染症の更なる拡大が明らかなのにもかかわらず、安倍政権は臨時国会を開こうともしていないこの無責任さ。それのみかこの機会に緊急事態条項の改憲まで目論もうとしているというのだから、改憲の目的が非常時に国民の生命と財産をどのように守るかではなく、首相の権限強化、国会議員の任期延長だけが目的であることをあからさまに吐露しているといえよう。コロナでは小池都知事張りの横文字が氾濫してコロナの正体がぼけてウイズコロナとかコロナ後の生活様式が口にされているがソーシャルディスタンスというより絆を一層強める生き方をこそ今もこれからも求めていくべきではなかろうか。

緊急事態宣言を戒厳令にしないために

憲法には主権者国民自らに課した義務条項3つがある。その1は30条納税の義務でありその2は26条2項その保護する子女に普通教育を受けさせる義務である。その3は12条、この憲法が国民に保障する自由及び権利は、国民の不断の努力によって、これを保持しなければならない。また濫用してはならないのであって、常に公共の福祉のためにこれを利用する責任を負う、と謳っている。前2条については知られ行われているが第3については往々にして為政者から公共の福祉を騙って個人の権利や自由の抑圧束縛の理由にされることはあっても、常に国民の意識にのぼることは少ないのではなかろうか。例として新型コロナウイルス感染症拡大の防止策として三密を避けるために事業やイベント開催の自粛、不要不急の外出を控えるよう要請する緊急事態宣言が全国の都道府県に発出された。感染症拡大の防止策としていわゆる三密を避けることは医学的にも疫学的にも正当な行為といえようが、それが実生活の場に適用される場合には経済活動のみならず個々人の生活態度などに様々な問題を引き起す。営業補償や子どもの学習の遅れ、DV、感染者療従事者の子弟に対する偏見や差別なども問題化してきている。その問題意識が為政者に向けられないで国民同士の非難合戦に陥って、それを為政者がこれ幸いと国民への自由束縛に拍車をかけているのだから疎ましい限りだ。緊急事態の時こそ感情に流されることなく理知的になり12条を活かす時である。

辺野古への基地造成費を道路インフラ整備に回せ

国土交通省の道路インフラ状況の調査によると、全国に約77万か所ある道路などのインフラのうち、およそ8万か所が5年以内に修繕が必要な状態になっているという調査結果が出た。しかし実際に修繕に取り掛かれているのは2割ほどで、進んでいない理由はこれらを管理している地方自治体の財政難が主な原因だという。国交省は「効果的な維持修繕を行う計画を立てた自治体」に対する個別補助制度を新たにつくり、新年度予算に２２３億円を計上したようだが、予算額にしても、効果的な計画作りを条件としていることも、年々進む道路インフラの老朽化に対処するには全く不十分ではなかろうかと思案する。一方沖縄県辺野古基地整備には、大浦湾側に軟弱地盤が見つかり国側が立てた当初予算と年限を大幅に超える見通しとなっている。沖縄県の試算によれば関連予算は２兆５千億円から３兆６千億円、工期も13年以上かかるとみているのである。普天間基地の危険除去は緊急の課題ではあるが、トランプ大統領が言っている様に「思いやり予算を４倍にしなければ米軍は引き上げる」と言っているのだからこの際４倍は受けられません。ということで出て行ってもらえば、思いやり予算と辺野古への不要不急の税金投入は必要なくなり、老朽化の目安とされる50年経過の道路インフラの維持整備に回してはどうであろう。国民のためのインフラ整備が大切か、マッチポンプの米軍のおもてなしが大切かくらいは判断できる政府であってほしいものである。

「安保おかげさま論」脱却を

「日米安保のおかげで日本は侵略されなかったし、経済活動に専念し繁栄できた」という、いわゆる「おかげさま論」。これに縛られ、日本政府は歴代、理不尽な米国の要求を受け入れ、基地や高級住宅などを提供し、思いやり予算を拡大してきた。普天間飛行場移設問題もその一つだ。

はたして、本当に日米安保の御利益はあったのだろうか。日本の平和と繁栄はまぎれもなく、戦争を放棄した憲法とその崇高な理想を全力を挙げ実現しようとした人々の努力と、企業戦士と称されながら労働に励んだ人々の汗のたまものである。これこそ国民の実感であり、誇りだ。

戦後の歴史を振り返っても安保条約のおかげで、日本は米国の侵略戦争に巻き込まれそうになった。イラクでは、実際に片棒を担がされた。経済面でも、米国に農畜産物の貿易自由化を押し付けられ、日本の農業は衰退した。

日本政府は「おかげさま論」から早く脱却してほしい。

米軍の方こそ「たかり」名人だ

「沖縄の人々は東京に対する、ごまかし、ゆすりの名人だ」と発言した米国務省のケビン・メア日本部長が更迭された。

日本政府は、「沖縄」を「米軍」と言い換え、さらに「居座り」を付け加えて、この発言を米軍基地と一緒に米国に突き返すべきだ。

元在沖縄米総領事で対日政策の責任者の発言とあれば外交姿勢に関わる重大問題だ。日本政府は、遺憾の意の表明にとどめてはならない。

ましてや、この発言で普天間飛行場の移設が困難になりはしないかと気遣ってやるようでは米国への卑屈な追随ぶりをさらけ出すこととなろう。

「ゆすり」はやくざの世界の言葉である。沖縄県民を、やくざ扱いするとは何ごとか。米軍は抑止力論でごまかし、日本国内の基地に居座りグアムへの移転費用をゆすり、思いやり予算というみかじめ料の増額までたかる。まさに米軍こそ、やくざそのものと言いたい。

政府の責任は重い。これを機に日米安保条約を廃棄し、米国と対等な平和条約を結んで沖縄を取り返そうではないか。

戦争なき世界今こそ決意を

安倍晋三首相が設置した有識者による「安全保障の法的基盤の再構築に関する懇談会」は、集団的自衛権を共に行使する対象国を米国以外に拡大する提言を、年内にもまとめる報告書に盛り込むという。

第一次安倍内閣のとき、同懇談会は集団的自衛権行使を認める四つのケースを示しているが、これは米国への日本側の配慮といった色合いが強かった。しかし、今回の提言は、日本の権益を守るために、より積極的に集団的自衛権を行使しようというものである。「密接な関係にある国が攻撃を受け、日本に重大な被害が及ぶとき」に集団的自衛権が行使できるという趣旨の提言も検討されているらしい。

集団的自衛権の行使は、宣戦布告抜きではあるが紛れもなく、国と国との戦争行為である。ひとたび戦争行為が起きれば、自衛隊のみならず国民にも重大な影響があるのは間違いない。

憲法前文は「日本国民は（中略）政府の行為によって再び戦争の惨禍が起《おこ》ることのないやうにすることを決意し、ここに主権が国民に存することを宣言し…」とある。その決意を、今、われわれはすべきではないか。

事故を機に脱原発を広めよう

福島の原発事故を機に、若いお母さんたちが「脱原発」に立ち上がっている。子どもの安心・安全を願っての行動に敬意を表したい。

原発事故で奪われる日常生活、放射線の危機は誰でも同じなのに、原発にしがらみを持つ人は口をつぐみ、「原発は必要だ」と言う人もいる。

今回の事故で安全神話は吹き飛んだが、それが即原発廃止に高まらない背景には、米軍基地問題と共通する国民感情があるように思える。基地も原発も国策という共通項がある。基地は抑止効果と平和、原発は廉価なクリーンエネルギーで豊かな生活という大義名分がある。

さらに原発も基地も、代償として自治体には潤沢な交付金が注ぎ込まれた。いずれも我々にはコントロールできない「危険物」である。

危険物に将来を託していいのだろうか。育ちつつある子どもたち、将来生まれるだろう子どものために立ち上がったお母さんたちの脱原発の運動に、我々も立ち上がろうではないか。

規制委人事　脱原発は可能か

原発の安全規制を一元的に担う原子力規制委員会の人事について、「脱原子力ムラ」に沿ったものと説明されているが、私は疑問に思っている。委員長に前内閣府原子力委員長代理の田中俊一氏が起用され、原子力安全・保安院の職員がそのまま事務局に移行するからだ。

規制委は原発の推進体制と安全チェック体制との癒着の反省から設置されることになった。ただ、田中氏は、原発推進派による原子力ムラ作りに手を貸し安全神話を広めてきた、とも指摘されている人物だ。田中氏はかつて「今は除染が優先し、原発の是非を論ずる時期ではない」との趣旨の発言をし、福島第一原発の事故に対する責任は感じているようだ。だが、脱原発への意思は感じられない。

私は多くの国民は当てにならない規制より脱原発を望んでいると思う。規制委は脱原発へのエネルギー政策転換の道しるべにならなければならないと考える。

原発廃止の明確化求めたい

16日に投開票が行われる総選挙は、脱原発が大きな争点だ。保守系や第三極の候補者の中には原発推進派もいるようだが、あからさまに原発の維持や新規着工は口にはしない。なんだか、争点隠しをされているようで不愉快だ。

一方、脱原発を掲げる党のほとんどは、原発廃止の時期を巡って政策の優劣を競っているようにみえる。民主党は「2030年代に原発稼働ゼロ」、みんなの党は「20年代に原発ゼロ」といった具合だ。このままでは、反原発の有権者の票は分散され、小選挙区制度のもとでは原発賛成の政治勢力が漁夫の利を得る恐れがあると思う。

仮に脱原発の政治勢力が多数派になっても懸念は残る。地震多発国の日本では原発事故はいつ起きてもおかしくはない。脱原発の時期が10～20年先では、その間、無事に過ごせる保証はない。また、廃炉に数十年、使用済み核燃料棒の処分にいたっては途方もない年月がかかるのだから、候補者たちには脱原発は待ったなしの課題だと明確化してほしい。「30年代までにフェードアウト（消えていく）」という政策も目にするが、私は原発即廃止など、より強く脱原発の意思を示している候補者を国会に送り出したいと思う。

法制懇の怪しげな論理

二十一日朝刊「核心　対論」で、首相の私的諮問機関「安保法制懇」座長代理のK氏は「憲法は最高規範ではなく、上に道徳律や自然法がある。憲法だけでは何もできず、重要なのは具体的な行政法。（憲法などを）重視しすぎてやるべきことが達成できなくては困る」と述べている。

憲法や判例からは集団的自衛権行使の合法性を証明できないと知るや、道徳律や自然法まで持ち出して、何としても首相の肩を持とうとする法制懇のあがきが見て取れる。

そもそも、道徳律とは時の権力者の都合で変遷するものである。民主的法治国家とは相いれない。極めて日本的な「義理人情」を大切にして、自分が危険なときに守ってもらうために、他国と〝けんか〟をする米国を助太刀する。これが、首相の言う集団的自衛権行使の大義になるのであろうか。

怪しげな論理で、日本国民の安心と安全を脅かす集団的自衛権行使を認めてはならない。

温暖化は地球の自家中毒症

妻も賛成してくれたので退職金をはたいて50坪程の土地を購入していろいろな野菜作りに勤しんでいる。連作を嫌う野菜もあるがこの程度の広さではやりくりがつかず、やむなく連作になってしまうことも度々である。

野菜の出来不出来は他人様の見よう見まねでやっているのでワンテンポ遅れることもあり、不出来の場合は自分の技術は棚上げにして、お天道様のせいだと妻には言い訳している。実際日照と雨の降り具合は素人の露地栽培には決定的な影響を及ぼす。お天道様はどうしようもないから神頼み。水はペールやもらってきたポリの大樽にビニールの波板を差しかけて溜めた雨水を溜めたものを、種蒔きや植え付けの時使うようにしている。だから雨は『さまさま』だが土砂降りや長雨はありがた迷惑もいいところだ。野菜を作り初めてつくづく感じたことだが、雨はまさしく地球の生命活動にとってかけがえのないものだということである。雨、それは地球の生命体を維持する水の大循環だ。一方地球の温暖化が異常気象の引き金になっており砂漠化が進んだり、集中豪雨で生命や生活の基盤である人工物が洪水や土砂で破壊される様を目の当たりにして地球が重篤な自家中毒に陥っていることを実感する今日この頃である。明日の天気を気遣いながら今日も種を蒔く。

障がい者に対する社会的バリアフリーを

横浜地裁において、重度障がい者19人を殺害し、職員2人を含む26人に重軽傷を負わせた「津久井やまゆり園」の元職員植松聖被告に対する死刑判決が下った。裁判の争点が責任能力の有無に偏り、犯行の動機や遂行が大麻の長期的な使用が原因とする弁護側の主張は退けられたものの、植松被告の障がい者に対する蔑視と不幸をもたらす障がい者は抹殺すべきというヒーロー感は裁かれないままに終わっている。植松被告の、控訴しないという態度の中には遺族や被害者に対する懺悔の気持ちは微塵もなく、犯行ではなく正義を貫く先駆者だとの決意を述べたもので、自己責任論や生産性の高低、自由競争などを良しとする風潮の中で誰かれの中には第二の植松聖が現れる恐れが無しとは言えない。だからこの事件をこの判決で終わらせることなく、広く深く社会問題として又みずからの課題として話し合わねばならないと思う。植松被告は勤務開始当初は利用者を「かわいい」と言っていたというがやまゆり園での勤務を続ける中、障がい者に対する考え方が変わってきたともいわれていることから園での経験や介護の実態も明らかにすべきではなかったとも思う。被害者や故人に配慮したとはいえ裁判では実名が明かされることなく進められたことも判決が慰霊につながったのかどうかという疑問も感じたところである。厚労省の調査によると知的障がい者は74万人超でうち施設入所者は12万人残り62万人は在宅だという。介護施設での暴行や人権侵害が問題になったこともあり、又ひきこもりの息子の暴力を苦にして父親が殺害するという事件もあった。いずれにしても障がい者に対する理解と寛容の精神、心身両面の社会的バリアフリーをみんなで構築していくことが大事だと思っている。

全世代型社会保障をどう構築するか

政府は全世代型社会保障検討会議を立ち上げた。社会保障を全世代に広げようという問題提起はおおいに結構であるが、検討会議の主要な目的が、①高齢者に偏っていた社会保障の給付を全世代に平等化する。②給付だけでなく社会保障の負担も平等化する。と言うことを主要テーマにしていること、また検討会議の委員の構成が財界の代表はいても、労働者代表や、当事者となる世代の代表がいないこと等から、会議の結論は行政財界寄りの（やらずぶったくり、高きを削って低きに合わせる）の全世代自前型の社会保障になるのではないだろうかと今から心配になってしまう。漏れ聞くところによれば検討会議では高齢者の医療費窓口負担を2割に引き上げるとか介護保険での給付はずし、等が組上にのぼっているとか聞く。実際少子高齢化問題は２０２５年に団塊の世代が75歳以上になり年金問題だけでなく、社会保障、公共の施策に深刻な財政的困難をもたらすことが明らかになっていることからも財源問題は避けて通れないであろう。10月1日から社会保障費の財源にするという名目で消費税が10％にあがった。その理由というのが『消費税は景気の影響を受けにくく安定した税収が得られる』からだと言う。確かに人間の生活は消費なしには成り立たないから消費税は全員から取りはぐれのない税収となろう。全世代型社会保障だから全世代が財源を負担するのは当たり前と言うのだろうが、これは社会保障という大義目的からも見ても間違っているのではなかろうか。何故ならば消費税は税の応能負担原則（負担公平原則）に違反しており、貧乏人から取り上げた税を、富の再配分でござい、と見せかけているだけでこれを社会保障だなどとよくも言えたものだ。これは強制加入制の共済ではないか？　社会保障の財源は、所得税や法人税、株式譲渡税、内部留保等の累進課税とすべきである。たくさんの人の労働によってもたらされた莫大な富を一部の者の独占とせず社会保障へ再配分すべきことをこの会議で検討してほしい。

住民投票案の否決は自治権（地方自治の本旨）の放棄

核のゴミの最終処分場の選定プロセスに応募の意向を表明した北海道寿都町で、応募に異議を唱える町民の直接請求に基づく「応募への賛否を問う住民投票条例案」が臨時町議会で否決された。住民投票については片岡春雄町長が反対し町議の過半数も反対したという。町長曰く「2年間の文献調査で得られる20億円の交付金はうまい。住民説明会では反対意見も出たが、肌感覚で町民の賛成はわかる」住民の皆さんもお金は欲しいだろうといわんばかりだ。反対意見を述べた木村真男町議に至っては「町長の下した決断に対し民意を把握するのは整合性を欠く」とまで述べている。いったい反対した議員をはじめこの二人の発言に地方自治と住民自治、一般的に言えば最も身近なところでの民主主義を実践するという自覚があるのだろうか。仮に町長や反対議員が、核のゴミの最終処分場の選定プロセスは3段階あり最初のステップぐらいは受けてもどこかの段階で辞退すればいいと考えていたとしたら、何としても最終処分場を決めたい国は、調査の結果がどうあれ最初に自治体自身が受けるといったではないかと押し付けてくることは十分考えられる。沖縄の仲井真元知事が普天間基地の危険性除去の名目で辺野古基地への移転を認めたことで、それ以後の住民投票で辺野古移設反対の住民意志が何度示されても元知事の認可を盾に国は強引に建設を続けていることを見ても明らかである。自治法は自治体の重要財産または営造物を処分する場合は住民投票による賛否が必要だとしており、処分場予定地は自治体の重要財産と言える。また国がその自治体に最終処分場を設置するという点から地方自治特別法の適用が考えられ、憲法95条によれば一地方自治体のみに適用される特別法は住民の投票においてその過半数の賛成が必要とされていることから見ても住民投票を行う必要がある、と考えるべきであろう。その住民投票を行わないという決議をした寿都町は地方自治の本旨から外れていると言わざるを得ない。速やかに議会を再開し住民投票に取り組むべきである。

同じ道内の神恵内村での手続きはどうなっているかも知りたいところである。

SNSへの匿名投稿は卑怯だ

フジテレビの『テラスハウス』に出演していたプロレスラーの木村花さんが、番組内での発言を巡ってSNS上で炎上した誹謗、中傷を苦に自殺されたそうだ。SNSの功罪については、かつて「幼稚園落ちた」や最近では「検察庁法改正反対」で数百万人の共感賛同を巻き起こしたことが記憶に新しいが、多くの場合特定の人物の言動に対するいわれなき誹謗中傷で炎上することの方が多いと聞く。このような投稿が問題になるのは、正当な根拠に基づく非難や批判ではなく匿名をいいことに正義漢や善人ぶった誹謗中傷が放言されていることである。

しかも当人が人権侵害や名誉棄損で訴えようにも投稿者が匿名であるためプロバイダーに対して発信者を特定してもらったり何かと手間暇を要することや権利侵害と表現の自由との兼ね合いで泣き寝入りすることも多いと聞く。木村花さんのように自殺に追い込まれる人もあるようだ。これを受けて高市早苗総務相は発信者の情報開示について制度改正を検討すると発言した。制度によって誹謗中傷の定義をすることになれば、おのずと時の政府の恣意的判断が働くことになろう。それこそ表現の自由を損なう恐れがある。私はSNS投稿の匿名性こそ禁じるべきだと考える。投稿者も意見を公言するのだから論旨に自信と責任を持ってのことであろうから氏名は記すべきだと考える。そうしなければSNSへの投稿は単なるヤジ罵詈雑言の類の場と化してしまうだろう。

親の性的暴行　無罪はおかしい

青森地裁八戸支部は15日、当時中学生だった長女に性的暴行したなどとして、父親に対して準強姦《ごうかん》罪として6年の懲役刑を言い渡した。3月26日付で、娘が抵抗できない精神状態で性交したとして、準強制性交等罪に問われていた愛知県内の父親に対し、名古屋地裁岡崎支部が無罪を言い渡していた。その判決に怒りを感じていただけに留飲を下げた。

愛知の事件では、地裁岡崎支部は娘が中学時代から日常的に暴力や性的虐待を受け、父親の支配下に置かれていたこと、また性交への同意もなく、「極めて受けいれがたい性的虐待に当たる」ことは認めつつ、「抗拒不能だったとはいえない」として加害者免罪にした。

そもそも親が子に性交を強要するのは公序良俗に著しく反するのに、被害者を二重にむち打つ裁定に驚いた。子女は衣食住を親に頼らざるを得ない。裁判官は被害者の置かれている立場、身分、心理状態を十分に勘案し、無言の服従があるということを心すべきだ。地裁岡崎支部の判決は法的妥当性を重視するあまり、現実的な妥当性に欠けている。検察による控訴で高裁での判断を見守りたい。

日本学術会議御中

1月28日の記者会見で、加藤官房長官は学術会議会員の任命問題について「一連の手続きは終了している」と述べた。しかし傍目から見ても6名の任命拒否の理由について明らかになっていないし欠員補充もしようとしていない。一方では自民党PTの提言に基づいて会議の在り方見直しが進められており、一連の手続きが終わったとはとても思われない。このままの事態が進むならば学術会議の社会的評価は、菅首相が言う「俯瞰的総合的活動能力のない、多様性に欠け、既得権益に胡坐をかく公務員の組織」とみなされてしまう恐れもある。国内外の学者や学会からの批判を受けても、また会議からの再度の任命要請に対しても〈蛙の面に水〉で動じようとしないばかりか、これ見よがしに任命権者の権威を世に知らしめようとしているのである。もはや政府に対するお願いや要望では学術会議の体面も名誉も守ることはできそうにないと思われる。この際私は、釈迦に説法かもしれないが6名の科学者と学術会議が法的措置をとられることを進言したい。

第一は、任命拒否の不当性についてである。

菅首相は「俯瞰的総合的活動を確保する観点から今回の任命について判断した」と語り、具体的な理由については「人事に関わること」として明らかにしていない。直属の組織でもないのに形式的と言われている任命権を盾に選任権ありとして、その組織の運営について介入することは認められるであろうか。それが可能だというならば、今回の6名だけでなく全員を任命拒否することによって自民党PTの提言を待たずに、学術会議を機能不全解体することも可能になってしまうであろう。さらには学術会議がその人の学識業績を評価して推薦した会員候補者を理由も告げずに任命を拒否するとは、学術会議と6名の方に対する侮辱であり名誉棄損であることは明らかである。しかも任命拒否の理由が世間で言われているように、この6名の科学者が安倍前政権時に集団的自衛権行使容認の閣議決定、それに続く安保法制の改変、秘密保護法、共謀罪など憲法違反の恐れありと政府に再考を促したからだとしたら、それこそ国家公務員法27条にいうところの平等の取り扱い原則、人種、信条、性別、社会的身分、門地又は政治的意見若しくは政治的所属関係によって、差別されてはならない、に違反する行為であり、それまた憲法28条が謳う学問の自由を侵すことでもある。研究に対する判断は、学問によってなされるべきで権力や外的権威にゆだねられるべきではないからである。

こうした点からかんがみて6名の方々には行政不服審査を請求する権利があり、それが時効だとしても学術会議とともに侮辱罪、名誉棄損罪で菅首相を訴えるべきではなかろうか。こうした行動によって令和の焚書坑儒をやめさせ、曲学阿政の流れを止めることができると思う。

『知らぬが仏』にはなりたくない

福島原発事故直後、米国から放射線拡散実測図が提供されていたにもかかわらず、政府はこれを放置、公表しなかったため、多くの住民が汚染地域を避難先や避難経路に選んでいたことが明らかになった。

同じような政府の不手際は、スピーディの情報を活用せず避難区域を機械的に半径区切りにしたことで住民の危機意識を誤らせ、結果として住民を火事の風下に追い立ててしまったことである。

政府の危機管理で最も重要なことは人命の確保で、そのための正確な情報収集と分析、住民と情報を共有して迅速な対策対応を取ることである。

にもかかわらず福島原発事故では、政府や原子力関係者のご都合主義的非科学的情報発信で、逆に住民を混乱に陥れてしまったのである。

情報社会でありながら情報に対する不信感がかつてなく高まっている。本紙18日付けのニュースは、市が発注した下水道工事現場から有害物質が検出されることを恐れた名古屋市は、別の場所で行った土壌検査の結果を使うよう受注業者に迫ったと伝えている。理由は有害物質が検出されれば莫大な処分費が掛かるうえ、そこの地価が下がったり、風評が広まって地元のデメリットになるからだという。そこに住む住民の健康や生命は全く顧慮されていない。知らぬが仏というのであろうか。情報は危機管理だけでなく日常生活の中にこそ生かされるべきであろう。

人間がパンツを履くようになった理由

27日の耕論『性表現と法規制』で、ろくでなし子さんの作品を巡り作者が刑事責任を問われていることについての識者のコメントが紹介されている。残念なことに、ろくでなし子さんの性器をかたどった『デコまん』にお目にかかっていないからそれがアートなのか猥褻物の陳列に当たるのかはにわかに決めつけられないが、識者はおおむね表現の自由、アートとの認識で司法の介入には否定的である。しかも性に関わるこれまでの社会的通念を覆す作品であるかのように持ち上げていることに私は違和感を感ずる。紙面ではろくでなし子さんがこの作品で社会に何を訴えようとしたのかという製作意図は定かではないが、それにしてもわざわざ露出させることに何の意味があるのかと疑問に思う。猥褻性についてチャタレイ夫人の恋人事件の判決では、性欲を刺激し普通の人の性的羞恥心を害し、善良な道徳観念に反するもの。との判例が有る。性器やその表現に猥褻性が有るとするのには異議があるが、性欲を猥褻という名で性の暴走を押さえ込んできた社会的意義は大きいと思う。人間の性欲は、他の哺乳動物が種族保存のためにだけ催す性欲と違ってほぼ日常的な欲求として存在しているのである。性欲を野放しにすれば婚姻という形で培われてきた人間社会の仕組み、扶養や秩序を根底から切り崩すことになろう。性を考えるに当たって、人類がまずはパンツを履くことから始めたことを思い起こすのも無駄では無かろうと思う。

同性婚を考える

『同性婚を認めないのは違憲』として複数の同姓カップルが国に損害賠償を求めて一斉に訴訟を起こすという。つい先頃自民党の杉田水脈衆院議員がＬＧＢＴの人達を念頭に『子どもを作らない、つまり生産性の無い者にたいして支援の度が過ぎる』との発言に裁判を通して反論すると共に同姓婚を法律婚として認めさせようとする動きであろう。杉田氏の『生産性が無い』との発言には多くの国民が反応しこれを掲載した新潮45を廃刊にまで追い込んだのであるが、果たして今回の訴訟が裁判のうえでも世論としても大方の賛意が得られるかは微妙な状況下にあるように私には思える。弁護団は憲法24条は、同性婚を禁止している訳ではない。民法739条にも婚姻の成立条件として届け出に際して6項目の法律上の縛りは有るが、同姓婚を禁止してはいない、のみならず禁止してはいないのに不受理とするのは違憲だという点を主張するものと思われる。広辞苑によれば、婚姻とは一対の男女の継続的な性的結合を基礎とした社会的経済的結合で、その間に生まれた子どもが嫡出子として認められる関係。と記しており憲法も社会通念上も同姓婚を全く想定していないのである。裁判所がどのような判決を下すかは分からないが、現実には同性婚を望む人達が少なからずいる事も事実である。そしてこれらの人々が同性婚をしたからと言って公共の秩序や福祉が損なわれることもないのだから、これらの人々の幸せを奪ったり無視することは基本的人権を軽視することでもある。本紙21日の耕論で馳浩氏は同性婚賛成反対を唱える前に『多様性を認め理解しあうことが先決であろう』と言われている。私もそれが妥当と考える。余計な口出しかもしれないが同性婚は、権利が認められたとしても生物学的に考えて一代限りの権利に留まるだけであろう。

無断で受精卵使った元妻に賠償責任はあるのか

お二人の愛情、信頼関係がどのような状況の下で拗れていったのかは知る由もないが、判決によると元妻は離婚前に夫と別居中、その男性に無断で、凍結されていた受精卵を移植し女児を出産したという。この件に関して大阪地裁は「子どもを設けるかどうかという、男性の自己決定権を侵害したとして元妻に８８０万円の賠償を命じた」という。もしかして元妻が受精卵の移植に踏み切ったことが、元夫に対する愛情の発露であったとしたらこの判決は割り切れないやるせなさを感じる。男性の自己決定権を侵害した、としているがそもそも男性が受精卵を凍結保存していたという事実、その廃棄を求めた事実がない以上、男性にも自分の子を持とうとした意図があったと推定され、時期についてや同意がなかっただけで男性の自己決定権を侵害したと決めつけるのはいかがなものであろう。この件で見る限り自己決定権を認められても認められなくても実質的な利害関係（賠償請求権）を生じさせるものではないと考えられる。むしろ三者から見ればこの裁判は、男性が生まれた女児を嫡子であると認めたことに他ならず、賠償の請求はおろか元妻が逆に男性を相手取って親子関係の認知、扶養義務を請求する権利を認めたも同然のことだからである。男性にとってはまさに天に唾する裁判であったのである。にもかかわらず判決は自己決定権の侵害に対する根拠なき賠償額を元妻に命じた。往々にして最近の裁判では、親子間での性行為やセクハラで犯罪の構成要件である、抵抗できたのかどうかが争われているが、裁判官が条文にとらわれ過ぎて実態を無視する傾向がみられる。複雑な人間関係の中で裁判官には法的安定性を害さずに、具体的妥当性を有する判決を下す責任がある。今回元妻の愛の真実を信じて、賠償責任を負わせた判決が再度審理されることを望む。

死刑を正当化する理論はあるのか

ドストエフスキーの『罪と罰』でラスコーリニコフは、金貸しの老婆を『愚かで、生きているこことに何の価値もないシラミのような老婆、そんな老婆ならたとえ殺して金を取っても一切の良心の呵責を感じない。その金をもとに全人類の共同の事業に一身を捧げるのさ』というある学生の言葉に触発されて老婆を殺すが、そこにたまたま現れた老婆の娘も殺してしまったことで良心の呵責にさいなまれるが、ソーニャの勧めで自首し流刑地で罰を受けることになる。精神を病んだままのラスコーリニコフは、最後には宗教的啓示で救われる。日本でも相模原障害者施設で働いていたもと職員の植松聖は『重複障がい者は生きていても意味がないので安楽死すればいい』と口走って19名もの障がい者を殺した。精神鑑定に回されていていまだ判決（刑の言い渡し）は出ていない。また自民党の杉田水脈議員の、LGBTの人に対する『生産性のない者に税金を使う必要はない』との発言は、直接に人は殺してはいないが、生産性がないという点から見れば労働についていない者、高齢者、障がい者などに対する人権侵害口撃であることは明らかである。これに対しては自民党内ではいまだに『おかまいなし』の状態である。殺人とは生物学的に言えば他人の生命を何らかの方法で途絶させることであるが、それが意味するところは人権の全否定であり、殺人者の勝手な言い分思い込み、いかなる理由場合でも許されないというべきであろう。振り返って死刑について考えてみれば死をもって罪を償わせるという形だが実態は犯罪者の生命と人権を葬り去る殺人行為と言えなくもない。法に定められた死刑に該当する罪を犯したのだから処刑されても当然、という理屈に正当性はあるのだろうか。罰とは辞典ではこらしめ、仕置き、となっているが罪刑法定主義では、ある罪に対してはこの量刑の罰を与えるということになっている。しかしその量刑の妥当性についてはその罪をどのように見積もってのことなのかはいまだ明らかでは無さそうである。死刑についてもこのことが言えそうである。刑を応報あるいは社会的防衛、予防と見る立場では、人を殺したのだから死刑は当然とするが、刑を教育的役割と考える立場では、死刑はまさしく教育の放棄、改心する事なき悪人としてこの世から抹殺することにほかならない。憲法11条は国民は基本的人権の享有を妨げられない……基本的人権は侵すことのできない永久の権利として現在及び将来の国民に与えられる。と謳う。犯罪者といえども基本的人権が保障された日本国民であることに変わりはない。このことから考えても刑の役割は教育的であるべきで、したがって教育の効果を遮断する死刑は廃止すべきではないかと思っている。

新名古屋城にエレベーターはつけるべきだ

名古屋城天守閣の木造復元で名古屋市はバリアフリーを求める障がい者団体に対して新天守閣にはエレベーターは設置しないことを伝えた。史実に基づく忠実な復元を求める河村市長のこだわりが押し通された形だ。バリアフリーを求める福祉関係者をはじめ建築の専門家からも「守るべきは骨組みや外観の部分、１００％忠実の必要性はなく不便なものを作る必要はない」との指摘もある。それに対して河村市長は史実どおりにこだわって、エレベーターの代わりにボランティアが障がい者や高齢者を担ぎ上げる案やＶＲの活用で事足りると主張しているという。

自分のこだわりのためにこんな人を食った考え方に私は腹が立つ。そもそも史実に忠実な天守閣を作ることに何のメリットがあるというのだろう。世界遺産や国の特定記念物に指定されるわけでもなく観光の呼び物にしようにも障がい者や高齢者が気楽に訪れることも尻ごみするようでは何のための名古屋城再建かわからず、市長の自己満足にしかならないのではないか。尾張名古屋は城で持つ。そう言われていたようだが、昨今では名古屋は一番来たくない町だとも言われている。天守閣の再建が再び人を呼び寄せるきっかけになればとも思うのだが。名古屋市民さえも寄せつけない城を何がしかの税金を使って再建してもまったく意味がなかろう。反対意見も多々あった名古屋城天守閣再建は、それだからこそ市民の思いに応えるものにすべきではないかと考える。

生活篇

地域主権を実現するのは住民自治の自覚と運動から

かつての『地方分権』に変わって『地域主権』が叫ばれている。地域主権とは聞こえは良いが、その実際の中身は、国による憲法25条の自治体への丸投げ、ナショナルミニマムの規制緩和と、その一方で自治体首長の権限集中、強化という『住民自治』とは無縁のいわば封建社会の幕藩体制を目指しているように、私には見える。例えば橋本大阪府知事の『都』構想だ。住民への行政サービスはそっちのけで行政効率だけを求めて進められた平成の市町村の大合併の反省も教訓も無視して進めようとしている。知事が目指している道州制などはまさに幕藩体制そのものではないのか。また『議会は王様』発言に始まる市議会リコール署名、市議会解散、選挙で多数の市長派議員を、という段取りを進めている河村名古屋市長の思惑は、形は二元代表制をとりながら自分が『王様』になって、阿久根市長が行った『専決処分』なるものを連発しようとしているのではないのか。マニュフェストが支持され当選したからといって、民主的手続きをないがしろにする首長など住民は望んではいない。いずれにせよ地域主権の主権とは自治体の組織にあるのではなく、住民の声に耳を傾け住民の生活向上に汗を流す自治体を作り上げる住民の自覚にこそある。地方『自治』こそ民主主義の原点、教室と言えよう。

自然エネルギーへの切り替えは全人類の悲願

各地の電力会社に、自然エネルギーの買い取りを中断する動きが広がっているという。地球の温暖化に影響を与えるCO_2を排出しない、原発事故で放射能をばらまかないエコ発電として期待され家庭や事業者によって取り組みが進み始めたばかりなのにもう中断するというのは納得出来ない。しかも買い取りの費用は電力会社が全部負担する訳ではなく、家庭の電気利用料金に再エネ発電賦課金太陽光発電促進付加金が使用電力に応じて加算されており言うなれば国民的な支援体制で進められているエコ事業なのである。

電力会社によると『各社は最大電力需要を想定して必要な容量の送電網を整備している。自然エネルギーの買い取りで容量を超えれば大規模停電を招く恐れがある』からだという。だとすれば発電の発想を180度変えて、夜間や天候によって増減する自然エネルギー発電の不足分を火力発電で補うようにすれば、新たな送電網に金をかけることもなく、燃料費調整額もCO_2の発生も大きく押さえ込むことが出来るのではなかろうか。自然エネルギーへの転換を後戻りさせてはならないと思う。

現金との切れ目が縁の切れ目

テレビを見ていてショックを受けた。小学校の算数の時間に先生が「おつりはいくらになりますか」と質問すると生徒が「おつりって何ですか」と聞き返したというのだ。小学生ともなればお小遣いでほしいものを買ったり親と一緒の買い物をすればおつりを受け取る機会もあるはずだが、それがないというのはほとんどの買い物がクレジットカードやコード決済などが使われているかららしいが、年寄りの私にはカードの名前もその仕組みについても非常事態のさなかに連発される小池都知事のカタカナ語のように自分にも関係ありそうだとは分かってもとんと理解しがたい。私は妻からお小遣いとして現金をもらっているが、その現金もカードと暗証番号を使って引き出してくるらしい。菅政権はデジタル庁を作ってマイナンバーカード一枚でお金の流れや手続きの合理化、利便性を図ると言っているようだが、70の手習いで言葉や操作を覚えるのも難儀だが、それにもまして人と人とのつながりがカード一枚で解消されてしまうことで、本来ならばアナログ的な社会環境、絆がばらけるのではないかとそれが気がかりである。お金は労働の対価でありそのお金は、物の売り買いを介在することによって人と人との関係性を作り出す。カードでは味わうことのできないレジでのやり取りやおつり渡し、時にはトラブルも社会生活の人間らしさの一面ではなかろうか。お金の大切さと絆の豊かさを子どもたちにも伝えたい。

余計なお世話、マイナンバーカード税金でダメ押し

国民一人一人にナンバーを振り当てるという政策が一体国民の利便性を高めるためなのか行政の省力化、縮小のためなのかは知らないが、マイナンバー制度発足の16年1月から交付を始めたカードの取得率は14・3％でこの点をみる限り国民サービスの向上や利便性の理解も進んでおらず、行政改革の目的達成も進んでいないことがうかがわれる。こうした現状を打開する目的で、各省庁は省庁の全職員とその家族のマイナンバーカードの取得状況の調査を始めた。調査はほぼ強制で、職員は80万人家族も約80万人で合わせても160万で調査とはいえこれを通じて全員にマイナンバーカードを持たせようとの魂胆は見えである。多額の税金を投じて始めたマイナンバー制度であってみれば、その税金の無駄使い追及逃れにまずは公務員からというのであろうが、マイナンバーカード取得は個人的な選択に任されているのにかかわらず、その禁を冒してまで制度を強制するのにはいったいどんな意図があるのであろうか。政府はカード普及へ、マイナンバー還元として軽減税率のお年玉キャッシュレス還元の切れる来年9月から国費2000億円超を予算計上するという。社会保障改革と財政改善を名目にした消費税増税の目的も訳のわからない国費のバラマキで台無しになろうとしている。カードの利便性を上げてはいるが利用の場面場面でそれぞれ暗証番号が必要だという。その他のカードの暗証番号などどれも暗証番号が必要でそれを覚えるのも一苦労だ。第一、氏名という人格を持った国民を何かの製品みた

いに番号を振るなどもってのほかである。住民基本台帳で十分でマイナンバーカード制は破棄すべきであろう。

10％に増税泣き面に蜂

株価が1万6000円台を回復して投資家は有頂天のようだが、それ以上ににんまりなのは、消費税10％をもくろむ安倍晋三首相ではなかろうか。

消費税増税は「景気の動向を見て」と公言している安倍首相にとって、予想に反しての8％増税後の消費低迷は頭痛の種だった。株価の上昇は、企業や政権与党にとっては「渡りに船」かもしれないが、われわれ庶民の生活には無縁で、これが消費税増税の理由にされてはかなわない。

企業がもうかれば庶民も潤うとの触れ込みで進められている経済政策は、企業の売り上げが落ち込むと、気を使ってさまざまな手だてを講じているが、増税で落ち込む庶民の生活には何の気配りもしていない。

次世代に借金を先送りしないためとか、福祉の充実のためとかいう政権の言動に惑わされて消費税率10％を認めれば、われわれ国民は「泣き面に蜂」の憂き目を見ることになろう。

総額表示は税隠し

本年4月から商品の総額表示（税込み価格表示）が義務化される。財務省は「消費者にとっては実際に支払う価格が一目でわかり、他の店との価格の比較ができる」とあたかも消費者にとってメリットがあるように言うが、これは明らかに消費税（負担感）隠しのなにものでもないのではなかろうか。

総額表示の義務は２００４年の消費税改正時に決められていたものだが、政府の消費税増税の意図もあって増税の度に業者や消費者の反対運動の盛り上がりを避ける意図が働いてか消費税転嫁対策法によって、「本体価格＋消費税」の表示方法が認められてきたがその特例期限がこの3月末をもって終了するというものだ。消費者にとっては一々税金はいくらになるなどの計算だけはしなくてよいことにはなるかもしれないが、売主にとっては「値上げした印象を与える」とか「レジでやってたことの前に値札を張るたびに消費税込みの計算をしなければならない」などの不満や、出版業界などでは「書籍など息の長い商品の扱いに多大な費用や手間がかかる」など困惑の声も出ているようだ。売主にとっては業者が税務署の直接徴収の責任を肩替わりしているのに、これ以上の負担を押し付けられるのはごめんだという気持ちであろう。これらの点を考えるならば「本体価格＋税」の表示は特例ではなく法改正をして続けるべきだと考える。そもそも消費税は労働者にとっては所得税との税の二重徴収であり、その所得で家族が買い物するのだから、税の応能負担原則にも反するものである。＋税の表示は消費者にとって故無き税を払わされているという意識をそのたびに痛感させるものとしての意義がある。

キャッシュレス化は対人交流の遮断

給料袋を手渡すと妻は『ありがとう』と言ってくれたものだが、給料が銀行振り込みになったとたん、ありがとうの言葉も無くなっただけでなく必要経費や小遣いまで妻から手渡していただくようになり、急に入り用になったお金などは理由を説明しなければもらえなくなってしまった。妻は銀行の自動支払機で現金を引き出してくるというがいまだにどのようにして引き出して来ているのかも知らないでいる。妻の話によると、公共料金や各種の支払いは銀行引き落としになっているらしいが、どのような信頼関係や仕組みで他人の銀行口座から引き落としているのかはいまだに謎のままだ。だからパソコンで調べて見た。キャッシュレスの方式にはクレジットカードや電子マネーなどの方法が有って現金払いの代行をするというのだ。買い物するときそれらをかざせばお金を勘定したりお釣りの支払いの手間も無く即座に会計が終わるということだ。買う方も売る方も実に効率的に見える。しかしそこにはお金の有り難みは全く存在しない。保守的で情緒的かもしれないがお金のありがたさは現金のやり取りでこそ感じられるもので、無表情のカードで事が済んでしまうことにいささかさみしさを感じるのは私だけであろうか。お金は天下の回りものとは言うけれど降って湧くものではない。それが商品の値段であってもあらゆる人々の労働やサービスの対価であって、それを支払うのも労働で得た賃金である。現金はそうした人々の汗と油、時には涙にまみれながら天下を駆け巡り各駅停車で手元から発って行く、ありがたい存在なのである。お金の有り難みが解らなければ、賃金は元より各種の公共料金、物価などに対する改善要求も薄れ、カードという便利さからつい使い過ぎたり借り過ぎたりと言うことも起こる。便利さだけに目を奪われてありがとうの気持ちを無くすような動きはほどほどにしてもらいたい。

レジ袋有料化で環境破壊は防げるのか

来年7月からすべての小売店でレジ袋を有料化する案が政府の有識者会議で決まったという。袋の価格は各事業者が設定することになるという。さらに消費者にとって分かりにくくややこしいのは袋がバイオマスプラスチックや海洋生分解性プラスチック、厚さが0・05ミリ以上のものは有料化の対象外としていることである。いずれにしても増え続けるプラスチックゴミの削減が目的で、有料化はプラ製品を使い捨てにしているライフスタイルの変革を消費者に促すのが目的だと言われている。常に何らかの買い物袋を持ち歩くのか少しぐらいの追加支払いでレジ袋で持ち帰るかを消費者は否応なく選択せざるを得ないことになる。後者が勝れば所期の目的は果たせなくなる。イートインにすれば軽減税率のうまみはない。いずれにせよ消費者の節約性向をあてにしたプラごみ削減計画は目的目標を達成する政策としては下の下と言わざるを得ない。レジ袋ペットボトルなどのプラスチックゴミは、ごみの分別、リサイクルを徹底する方が現在摂りうる方策ではないかと思われる。今必要なことは分解可能なプラスチックに変わる容器などの開発であろう。科学の進歩は我々の生活を豊かにしてきたが、副産物も生み出しそれを解決する水準にはいたっていない。その主なものがＣＯ$_2$、プラスチックゴミ、核のゴミである。科学が真に人類や地球に恩恵をもたらすのは正義や道徳を備えた時ではなかろうか。

水道の確保は自治体の基本任務

水害や地震といった自然大災害に見舞われたとき一番に気にかかるのが飲料水など水の確保である。井戸というものをほとんど見かけなくなった都市部の住民にとって、水源池が土砂で汚染されたり決壊したり配水管が破損するなどの被害が起きれば即断水の憂き目にあう。水は生命活動にとって必須物質でこれが途絶えれば死をも覚悟しなければならない。このような災害にあって改めて水道のありがたさを再確認するのであるが、その水道が重大な危機に直面しているという。水道管の老朽化が進み、耐用年数40年を超えた水道管の割合は約15％、必要な設備更新も経営赤字で40％にとどまっているという。水道事業者は水道料金を値上げしてこの事態を改善しようとしているという。一方政府はこうした水道事業の基盤を強化するとして新たな官民連携方法の「コンセッション方式」を取り入れ、自治体が水道事業の認可と施設の所有権を持ったまま運営権を民間企業に委ねるとする方式だそうだ。企業は自治体が条例で定めた範囲で料金を決めることができるとしているが結局は公共料金値上げ反対の矛先を民間企業に向けさせる意図が見え見えである。水道の確保は住民の生命線の確保である。料金による独立採算ではなく自治体予算に組み込んで設備や管路を更新充実していくべきだと考える。

eスポーツはスポーツなのか

電子機器を介してサッカーや格闘技などの対戦をする「e（エレクトロニック）スポーツ」を、五輪競技に加えようとする動きがある。

8月23日付朝刊「私の視点」で桐蔭横浜大のY特任教授は「障がいのあるなしにかかわらず対等な立場で競い合えるし、体を動かしにくい高齢者も楽しめる。（中略）スポーツとしての可能性が高まるだろう」という。

スポーツとは、ルールに基づく肉体的運動を通じて、社会性や心身の健康を得るものであろう。身体障がい者もパラリンピックに挑むことを通じて、障害を克服すべく鍛錬し、人々に信念と勇気を与えている。だが、eスポーツは身体的運動に乏しく、人と直接にはふれあわない。つまり肉体的な運動ではなく、単なるコンピューターゲームではないか。世界保健機関は、ゲームがやめられず、日常生活に支障を来すゲーム依存症を「ゲーム障がい」という精神疾患に位置づける。私は、未来を支える若い人たちがゲームに取り込まれ、依存症になっていくのを見たくない。eスポーツをスポーツと認めることに反対する。

孫待ちで悶々　親にも思いを

子を持つか持たないかは全く本人の自由で、その選択を他人がとやかく言う事柄ではありません。

しかし子どもを持たない理由の一つに「子どもが好きではないから」とありましたが、産むこと、育てることがうっとうしいとお考えですか。だとすれば、子どもが欲しくても授からない夫婦から見れば贅沢《ぜいたく》な選択かもしれません。

「自分の子に愛情を注げなかったら」ともありましたが、虐待、引きこもりなどの事件を見聞きし、不安になるのもわかります。でもあなたには自身を冷静に見つめる心がある。心配ないように思えます。幸せな日々を送る今の自分を産んでくれた両親に思いをはせ、その幸せをあなたの子孫にもつなぎ、譲り渡しませんか。

実は私の息子は10年ほど前に結婚しましたが、まだ孫の顔は見られていません。息子の妻に会うたび孫への期待をほのめかしましたが、ある時息子から「子の話はタブー」と。理由もわからず、悶々《もんもん》とした日々を過ごしています。

「ご苦労様」では失礼か

この年になるまでの口癖で、ついつい他人に対して「ご苦労様」と言って頭を下げて挨拶してしまう。聞くところによると、最近では「お疲れ様」と言うのが正式で、「ご苦労様」は目下の者に言う言葉だという。だとすれば、これまで私は随分多くの人達に慰労感謝ではなく、不愉快な思いをさせてきたことになる。

本当に「ご苦労様」と言うのは失礼で、「お疲れ様」と言うのが正しい挨拶の仕方なのであろうか。「ご苦労」というのは確かに使用者の立場からの態度を感じさせるが、その人に対する尊敬と丁寧の意味を表す「様」を添えることで、その人の骨折りに対する感謝の挨拶と言えるのではないだろうか。一方「お疲れ様」というのは、「病」の部首が示すように病気で体が弱くなる、くたびれて力が弱くなる意味があり、相手の尽力に対する感謝の気持ちを表さない、相手をいたわるだけの挨拶と考えるのは、私の偏見だろうか。

やはり「ご苦労様」を差別語とするのではなく、正当な日常語として認めてほしいものだ。

新聞は毎日開く百科事典

ニュースならテレビやインターネットで知ることが出来るからと新聞を読まない人や、見るのはテレビ番組くらいという人もいるようですが実にもったいないことだと思う。私は毎日、自宅で3紙、他所で1紙、新聞を読んでいるが読み比べてみると実におもしろい。同じ事件や動きについてのニュースでも記事の行間から新聞各社の立ち位置と記者の情報収集力や分析力を伺い知ることが出来るし、それは政治経済面だけでなく社会面、文化スポーツ欄に至るまで、何十人かの記者が書いたものであるにもかかわらずその新聞社の編集気質が滲み出ているようで興味深い。1紙のみが取り上げているニュースなどを見つけるとオッと想像をたくましくする。中でも社説と読者欄は各社のブランド力とその読者への影響力というか意識傾向を表しているようでとても興味深く読んでいる。それにつけてもこのような膨大な新知識を毎日送り出している新聞というものに驚きと畏敬の念を私は抱いている。まさに新聞は毎日開く百科事典であり、一言居士を自負する私にとって格好の知識の原泉になっている。

ポケモンGOは催眠大衆操作予行演習の恐れ

スマートフォン向けのゲーム『ポケモンGO』が日本でも配信され爆発的な人気を博しているという。ゲームは配信元が町中にばらまいたポケモンをスマートフォンで捜し当て捕まえるというものだ。歩きながらスマートフォンの操作に夢中になるため事故やトラブルも発生しているという。しかし私はそんな不注意者の心配よりも、何の警戒心もなくゲームに駆り出されている人々がわんさかといることの方が心配だ。一部にこのゲームを昆虫採集のような楽しみかただとか、ポケモンの出現を配信元がコントロールできることから集客効果をねらった業者や地域の経済効果を期待する声もあるようだが、その効果の裏側にある人心操縦の危険を感じるのは杞憂に過ぎないのだろうか。ゲーム機によるゲームは殆どがバーチャルリアリティを楽しむもので、たとえゲームに没頭しても自己の存在を見失うことはなくせいぜい引きこもり型の人間に留まっていた。ところがポケモンGO

はスマートフォンという現実の中にバーチャルなポケモンを登場させ、それを捜し求めて人間が徘徊行動するという、当人は遊んでいるつもりでも事実はゲーム機に操られているというその自覚がないことが問題なのである。13歳から49歳の7割の人達がスマホを持ちそのうち20代は92・9％がスマホを持っているという。これらの人々がポケモン狩りから、知らないうちに異教徒狩りや異人種狩り、戦争反対勢力狩りにスマホで動員されることのないよう注意をはらうことが切実に求められている。

音階の不思議

自分が音痴だと自覚している人はいないしわざわざあなたは音痴だと教えてくれる人もいない。だから私も自分では聞いた通りに歌っているつもりでも他人が聞けば音痴なのかもしれないとちょっと不安だ。しかし音痴の人の音程をまねようとしてもなかなか出来ないことを考える自分は音痴ではなさそうだと思うことにしている。音痴は聴覚と発声器との間になにか生理学的な不具合でもあるのだろうか。言葉は国や地域で様々な違いがあるけれど、音楽はドレミの音程で世界共通のコミュニケーションの役割を果たしている。しかもドレミは、人類だけでなく楽器とも相通じているのだから音符や楽譜を発明した人の功績は、エスペラントを考案したザメンホフよりはるかに偉大と言えよう。世界にどれほどの曲があるのかは知らないが、それがドレミ8音の組み合わせだけで一つとして同じものがないというのだから、驚嘆に値するコミュニケーション力である。音痴はその内の一音だけが正確に伝わっていないのだからはてさてどうしたものやら。

生活向上には団結しかない

消費税増税を巡るドタバタ劇の裏で、改正労働者派遣法が成立した。

しかし中身は、派遣元企業に、派遣料金と派遣社員の賃金の差額の割合（マージン率）の平均を公表するよう義務づけることくらい。仕事があるときだけ契約を結ぶ「登録型派遣」や製造業派遣の禁止という改正案の目玉だった規定は、与野党の修正協議で削除された。みなし雇用制度の施行も3年後に先送りされるなど、肝心の派遣社員の待遇改善どころか、無権利状態のまま格差を固定化するものと言わざるを得ない。

派遣社員を含む非正規社員は全労働者の3分の1を占めており、これらの人々の待遇のよしあしは、正規社員の身分や待遇にも影響を与えずにはおかない。

こうしたことを許しているのは、労働者がバラバラだからである。組合の組織率が低くては、政府や企業に対して有効な発言力を持たないのは明らかだ。労働者よ、団結せよ。

著者プロフィール

佐合　今勝（さごう　いまかつ）

1942年、岐阜県美濃加茂市下米田町に生まれる。
現住所：名古屋市北区。

あなたも一言居士

2024年12月15日　初版第1刷発行

著　者　佐合 今勝
発行者　瓜谷 綱延
発行所　株式会社文芸社
〒160-0022　東京都新宿区新宿1－10－1
電話　03-5369-3060（代表）
03-5369-2299（販売）

印　刷　株式会社文芸社
製本所　株式会社MOTOMURA

ISBN978-4-286-25826-3